生命的溫暖戰歌

從抗癌到立法，
在逆境中堅持希望的勇氣

邱議瑩——著／口述
林芝安、林唯莉、曾蘭淑——採訪整理

目次

第一部　為你譜寫生命的樂章

——台灣再生醫療法十年有成

第二部　請聆聽我的抗癌之歌

——走過身心的幽谷

願為你帶來生命中的一束光

立法委員

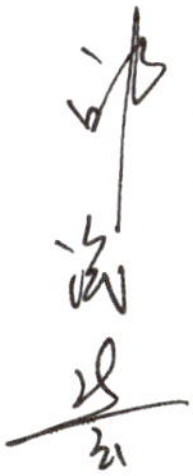

時間像是一條涓涓不息的河流，轉眼間，這本書的初版已經陪伴大家走過了好幾年。每次翻開它，我都能回想起那些年與病魔搏鬥的日子，記得當初下筆的初心：希望透過自己的故事，為正面臨挑戰的人送上一點鼓勵和方向。

幾年來，我認識的朋友，只要知道他們生病，我總是會送上這本書。不僅希望透過書中的經驗，為他們提供一些具體的參考，更希望能傳遞信心與希望，告訴他們，即使在最困難的時候，也有光亮的可能。這本書已不僅是我的個人故事，它更是我與每一位病友、每一個需要支持的人之間，分享愛與勇氣的重要橋梁。

隨著時間推移，我也有了更多成長與體悟。這次再版，起因於《再生醫療法》的三讀通過。這項法案凝聚了無數人的期待與努力，是台灣醫療法規進步的重要一步，也是我個人從政生涯中最具意義的一項成就。我希望能將這段推動的過程、其中遭遇的重重挑戰和點滴心情完整記錄下來，做為一份歷史的見證，也讓更多人了解，改變的力量需要多少耐心與堅持。

在增訂版中，我記錄了從法案構想到三讀通過的過程，還補充了這些年與病友、專家學者及醫生交流的心得，以及無數感人至深的故事。我希望透過這些補充內容，讓這本書不僅是一段個人經歷的分享，更成為一種對生命的反思，與對未來的期盼。

回顧這一路走來，我要感謝生命中每一位支持我的人。從最親密的家人，到一直陪伴我的「登真團隊」夥伴，你們的愛與關懷，像是生命中的穩定劑，讓我在最困難的時刻仍能勇敢前行。還要感謝許多素未謀面的病友，他們透過書信或直接的互動，與我分享他們的經驗與勇氣，讓我深刻體會到分享的力量。

生命的每一段旅程，無論多麼崎嶇，都是值得回味的。這本書是我的故事，但我相信，它也是無數正在努力生活的人的故事。未來，我會繼續在自己的崗位上，用行動回饋這段生命旅程，並為需要幫助的人帶去更多的支持與希望。願這本書能在你需要的時候，成為生命中的一束溫暖光芒。

邱議瑩

二〇二四年

十年堅持，為再生醫療注入希望的力量

陳建仁

卸任副總統職位，回到中研究院從事我最喜愛的學術研究工作之後，邱議瑩委員曾經專程拜訪我，熱切地向我說明推動再生醫療法的重要性。她強調這項法案的通過，對癌症病患以及眾多慢性疾病患者，將帶來前所未有的希望與助益。

我深知議瑩委員曾經歷癌症治療的挑戰，對於她以親身經歷為出發點，全力推動這項法案的努力不懈，感到十分敬佩。我也與她分享了自己在二○一五年被診斷出肺腺癌的經歷，慶幸早期發現讓我得以成功康復。我深刻了解癌症患者所面臨的身心壓力，並渴望能為癌症病友們盡一份心力。因此，我在當下承諾，將全力支持再生醫療法案的推動。擔任行政院長期間，我也在衛福部將修正草案送交行政院後，請政委加速審查，可惜未能在任內見證法案的通過，深感遺憾。

議瑩委員將她的抗癌歷程整理成《生命的溫暖戰歌》，於二〇一七年出版，和大眾分享她的抗癌鬥志與生命體悟。如今，這本書在出版七年後，改版增修發行。增訂版不僅保留了她個人的生命故事，更加入了她這十年來推動再生醫療法的積極努力，展現她化困難為動力的決心。

在面對專業性強、複雜度高的再生醫療議題時，議瑩委員展現了過人的毅力與專注力。她虛心學習，廣泛向專家學者請益，並與各界人士積極溝通，包括行政官員、立法院同僚、醫師公會等，讓每一位支持者充分理解這項法案對病患生活品質的深遠影響。

如今，再生醫療雙法已經三讀通過，這將使台灣在新興醫療科技領域邁出重要的一步。這些法案的施行，不僅能促進再生醫療技術的快速發展與應用，更保障了有迫切需求的病患能夠即時享有先進醫療技術的權益。這些成果是議瑩委員多年如一日的堅持與奮鬥的最佳印證。

在全球生醫科技快速變革的時代，再生醫療已成為國際間的焦點發展項目。我期待台灣能持續精進，迎頭趕上全球潮流，讓國人享有最先進、最完善的醫療環境。

（本文作者為中研院院士，曾任中華民國副總統及行政院院長）

溫柔也強悍，我認識的邱議瑩

蘇貞昌

我看著議瑩從小長大，她家就在我家對面。我第一次選省議員時，因為經費拮据，競選總部是我二嬸借我的，麥克風是向議瑩的爸爸茂男兄借的。這些年來，我看著議瑩，從厝邊的黃毛小丫頭，到政壇的漂亮寶貝；從不婚現代女性，到走入幸福家庭；看到她為民意發聲的犀利剽悍，也看到她罹癌後的堅強勇敢。議瑩「登真」的生命態度，讓我為她不捨，也始終為她加油。

大概是在艱困環境中長大

的孩子吧，美麗島事件後，茂男兄被捕入獄，身為盾邊，為他辯護，我責無旁貸；議瑩當年才國小三年級，當許多同年齡的小孩還在父母的守護下生活成長時，議瑩面對的卻是肅殺的政治氣氛，以及社會不友善的對待，我當時就對議瑩的早熟及堅強，印象深刻。

相信是被命運重壓過，當議瑩面對病魔的挑戰時，她選擇迎戰，選擇不放棄；迎戰的決定說來容易，但過程一定備極痛苦、難受。所幸，議瑩擁有了生命中最大的依靠：一個相知相惜的人生伴侶，永得幫助了議瑩，打贏這場人生最艱辛的一戰。

回想過往，當年不向命運低頭的小女孩，現在已經是國會的資深立委，在第一線守護民主，也守護我與茂男兄一路走來堅信的價值，更有著為人稱羨的幸福家庭。從青澀到成熟，從強悍到溫柔，議瑩的人生經過歷練，愈顯沉澱及成熟，我為她感到高興和驕傲，也祝福她的人生，如倒吃甘蔗，愈來愈好，愈甘愈甜。

（本文作者時任行政院院長，現任總統府資政）

登真的女人，最美麗

陳菊

議瑩的父親與我同是美麗島事件的政治受難者，而政治受難者家屬所承受的艱辛不是一般人可以想像，所以，我對美麗島事件受難者的第二代總是心疼有加。議瑩從小在那樣辛苦的環境下長大，造就她堅毅、不屈的個性；長大後克紹箕裘、從事政治工作，鮮明的個性、亮眼的外表、用心的問政，政壇「漂亮寶貝」之名不脛而走。

二〇一一年的四月，我帶著如同嫁女兒的心情，見證了議瑩與永得兩人結褵，有著滿滿的祝福。回想當初我親自帶著永得到屏東邱家提親時，為了說服邱家二老替永得打下的包票，而今兩人相互提攜、恩愛無比。尤其議瑩雖然在問政上犀利無比，但對待永得卻是柔情似水、百依百順，我經常為此莞爾，偶以「太寵老公，不行！」消遣兩人，永得總是靦腆微笑。看著他們這麼美滿，對我來說，也是感到欣慰。

同年年底，新婚燕爾的議瑩正投入選戰，選情如火如荼之際，診斷出罹患卵巢癌，不啻為人生投下震撼彈。面對這樣的雙重壓力與重大打擊，議瑩的堅韌，在此危難之際展現出來，她以積極、樂觀的態度坦然面對病魔，也完全遵照醫師的指示進行療養，更兼顧選戰，在身體、醫師評估允許的情況下盡可能地出席活動。選前那晚聯合造勢晚會，議瑩甫動完手術、抱病出席，我看著她孱弱的身軀，滿心盡是不捨，覺得這個孩子堅強得令人心痛，勇敢得令人讚嘆；選後三天，她也旋即進行化療。

議瑩說，化療的過程很痛苦，每化療一次，就像死過一次，尤其化療無法免去的副作用——掉髮，更是一度讓議瑩難過到不能自已。但，這些議瑩都撐過去了，以她樂觀、開朗、積極、正向的個性與態度，在這生生死死、青絲落盡間重生，也為她的人生開啟一扇新的窗。

重生後的議瑩依舊樂觀，但更多了幾分溫暖與圓融，她說：「生病之後，我真正明白，為人點燈，在我眼前的光，能在照亮別人的同時，讓自己也看到前方的路。」也因為經歷生死交關，更勘透「把握當下」的真諦，開始有更多愛心與耐心，去面對人生所有的事，從烈日般強烈的個性，轉化為和煦暖人的陽光。

而今，議瑩依舊堅守於政壇，為人民、為高雄努力，一心一意，謀求這座城市的幸福與宜居；因為自身的經歷，讓她更加體會生命的意義與可貴，並樂於與他人分享、協助他人度過難關，這是幸福的。看著她的笑容與自信，「登真」的女人，真的最美麗。

祝福議瑩與永得能夠幸福久久、身體健康，並為理想與目標，繼續努力與邁進。

（本文作者時任高雄市市長，現任監察院院長）

請聆聽我的抗癌之歌

立法委員

二〇一一年是我的生命中最跳 tone 也是最精采的一年！

這一年，我結婚了。在沒有正式通知我父母的情況下，我們逕自跑去公證結婚。不久，我也離開屏東這個養育我政治生命的啟蒙地，大膽地跑去高雄第一選區參選，卻在投票前夕發現自己得了癌症，隨即開刀切除並展開化療！這一切，快得令人措手不及，卻也徹底改變了我的人生！

六年來，我天天都在想，要如何讓自己健康快樂地活著。從小好強的我，是絕對不想被癌症打敗的！於是，我努力運動、天天喝蔬果汁改變飲食習慣。同時，更讓自己學著柔軟下來；即使，我在議場仍擺脫不了強悍的形象！這六年當中，我跟大多數的癌友一樣，也曾迷惘，也會恐懼，但是至少我很開心地過每一天！

這段時間，好多認識或不認識的癌友互相交換資訊，分享經驗、相互勉勵。永得常常看到未曾謀面的癌

友打電話跟我討論如何保養身體，他一直鼓勵我，是否應該把這些經驗寫成書，與更多人分享，也為自己的抗癌路留下紀錄。這個想法很快地付諸實現，經過了一年的籌備、訪談與撰寫，終於完成這本生命的戰歌！

謝謝這六年多以來，一直照顧我的蔡英美教授及高醫的醫療團隊。謝謝我的登真服務團隊為我分憂解勞，謝謝我的姊妹淘於公於私都給我最大的支持。

和林莉老師合作過許多次，老師最懂得捕捉我的神韻，每次有重要場合，總讓我放心把自己交給她。知道我要出書，老師很豪爽地贊助這次出版所拍攝的照片，謝謝林莉老師與她的團隊！

另外要特別謝謝我的好朋友Arthur，慷慨出借先勢行銷傳播集團內的專業廚房，讓我得以在一個舒適又大方的料理空間跟讀者分享我的健康養生料理。

謝謝芝安與唯莉，把這些故事以精采的筆觸記錄下來。當然最要感謝的是我生命中最重要的人——我的老公！在經歷了生死的考驗之後，我們只會更加珍惜彼此。謝謝所有在我生命裡出現的人事物，因為有你們，讓我的生命更顯豐饒！

第一部

為你譜寫生命的樂章

台灣再生醫療法十年有成

第一章

為癌友發心，嘉惠更多病人

「如果有人問我，當了這麼多年立委，最有成就感的事情是什麼？我要說，是推動《再生醫療法》。」

身著一襲白色套裝，閃著深邃的大眼睛，邱議瑩說起她以十年時間，推動《再生醫療法》的心情。她的語氣堅定，臉上是使命達成的滿足感。

身材修長、明亮動人，看不出她二〇一一年發現自己罹患癌症、二〇一二年化療，最終從鬼門關逃離，這一路走來的戒慎恐懼。

「大家都說要先看五年存活期，前面的五年對我來說，都是戰戰兢兢，每一次的回診，每一年的大檢查，都是一種『考驗』，檢查前都會有一點擔心。」

從二〇一六年底醫師宣告康復至今，八年是一段不算短的時間，但當時的忐忑與憂慮，對她來說依然歷歷在目。

直到二〇一七年撐過五年存活期，內心壓力少了一半。邱議瑩出版了《生命的溫暖戰歌》這本書，一方面激勵自己，也希望對生病的人有一些鼓勵。

完成化療後，這十多年來，她每天幫自己打一杯精力湯，每週維持至少三至四次的跑步、快走與重訓；偶爾會小小放縱一下，吃個炸物，但她都乖乖地維持著每兩個月回高醫抽血檢查的習慣，並且每年至少做一次正子攝影或是電腦斷層大檢查，確保自己沒有復發。

這也是為什麼她一聽到Caspar（本名王宥鈞）的故事，基於立法委員的敏感度與曾經生病的同理心，就一股腦兒地投入《再生醫療法》的立法戰鬥中。

多年來，打精力湯已經成了每日例行公事。
在辦公室打第一壺總是先吆喝助理們喝一杯。

只是，她不知道，這場如史詩般的戰鬥，從她的第八屆立委生涯開打，竟花了十年光陰。

Caspar 的啟發

「你知道人在生病的過程當中，甚至生病之後，都會接觸到許多替代療法與偏方。」邱議瑩很早就聽過「幹細胞治療」對癌症有效的說法，當時只是抱著「姑且聽一下」的心態。

二〇一五年，國發會公共政策網路參與平台第一件連署成功的案例，就與細胞治療有關。發起人 Caspar 是一位鼻咽癌患者，他到國發會網路平台提案，希望細胞治療成為癌症治療的正規療法，三天之內就吸引三千人連署，最終號召五千人跨過提案門檻，依照《公共政策網路參與實施要點》的精神，主管的權責機關衛生福利部必須回應 Caspar 的提案——將「癌症免疫細胞療法修法法案」納入政策或是立法。

Caspar的提案看了令人鼻酸：「台灣的癌末病患所不知道的是，與鄰近的國家如中國及日本相比，他們早就已經有更先進的癌症免疫細胞治療於臨床提供癌末病患選擇。而台灣癌末病患至今無法享有這項治療方式，只是因為法令太過老舊，無法讓這項先進的治療在台灣合法進行……」Caspar提到因為立法的落後，讓台灣的癌末病患喪失更多治療的選擇，提案的每一個字都敲打在邱議瑩的心上。

「因為我自己過去是癌症患者，所以我非常關注這件事的發展，開始

了解之後，就覺得有需要去促成立法的實現。」可以說是行動派的邱議瑩，直接請衛福部醫事司來商談，了解衛福部下一個動作是什麼。

「我記得很清楚，衛福部直接回答我：『委員，這個技術目前還不成熟，台灣現在能夠做這個的醫生也不多。』」她語氣停頓了一下，忍不住說，衛福部當時對再生醫療的認知非常有限，態度不積極，似乎不想去了解，也不想去推動。

當時陪同王宥鈞與衛福部會談的林成龍醫師，是台灣細胞與基因療法的專家。林成龍說，王宥鈞理由充分，他去日本打了「胜肽疫苗」（Peptide vaccine），不僅腫瘤縮小三成，生活品質也較以往提升，因此他很生氣，台灣醫師有能力可以做相同的治療，為什麼法令禁止醫師為病人做這樣的治療。

「對病人來說，我都要死了，憑什麼限制我不嘗試救命的療法。」林成龍稱這是病人的「right to try」（嘗試的權利）。對如同被判死刑的癌末病患來說，這可能是起死回生、救命的稻草。

救急的特管辦法

癌末病人的「right to try」，卻因為國內沒有法源，因此患者連試試看的機會都沒有，例如王宥鈞只好到日本施打。當時，主管機關對此毫無所悉，邱議瑩要求衛福部去了解日本的法令，以及他們怎麼做；為什麼日本能做，可以治療的疾病有哪些？總要先弄清楚，才能知道如何以他山之石攻錯。

二〇一六年邱議瑩當選第九屆立委後，她繼續向衛福部「耳提面命」。「這要感謝當時衛福部的醫事司長、現任健保署長石崇良。急診室醫師出身的他，算是我看過的公務員中，非常具有開闊心胸的官員。他聽過後，答應去推動。」邱議瑩一邊督促衛福部，同時也開始向醫師請教討論，與生技業者建立溝通管道，自己也看大部頭的書鑽研探討，花了兩年的時間，終於促成衛福部在二〇一八年九月再一次修訂《特管辦法》（法規全名是《特定醫療技術檢查檢驗醫療儀器施行或使用管理辦法》），開放了六項細胞治療技術，可以用在癌症患者身上。

《特管辦法》羅列缺血性腦中風、血液惡性腫瘤、脊髓損傷、膝關節軟骨缺損、燒傷等皮膚缺損，以及實體癌四期等患者，在傳統的放射線治療、手術、化療等常規治療無效後，可以個案方式（case by case）由治療的醫師專案申請自體免疫細胞治療，為遭遇重症折磨與罹患難治之症的患者，迎來康復的一線曙光。

然而，衛福部的審核時間，最少要三個月以上。

提及此，邱議瑩不自覺放大聲量，發出不平之鳴：「可是很多癌症患者等不了這麼久，就過世了。」就像王宥鈞一樣，他在二〇一六年三月沒有等到他所提案的法令通過即長辭人世，正如他在生命盡頭時所乞求的憐憫，「癌末病患若真有這麼多時間等待，怎還會被稱為癌末病患呢？」

依據《特管辦法》規定，某家生技公司的細胞療法申請到人體試驗，用於治療 A 病人，但也只限於 A 病人，即使是同一種癌症、同一種療法、同一種期別的其他病人，還是必須重新做個案申請，無法一體適用。

「審查拖這麼久，讓這個法令為德不卒，但死亡就在一旁等待著癌症患者。」邱議瑩感同身受地說，「這就是為什麼我這麼急切地想要推動《再生醫療法》，因為很多病人不能等。」對她來說，讓生命消逝在行政流程的往返與立法空白的轉折點上，是不應該的。

除了燒燙傷皮膚缺損病患的審查較快，癌症患者的審查卻是曠日費時。換句話說，《特管辦法》在癌症只限四期治療這一塊等於是「死馬當活馬醫」。不用醫師說，大家都知道，愈早治療，效果就愈好。但是，衛福部的審查專家委員最怕圖利廠商與醫療糾紛。他們擔心遭到外界非難，為什麼這個病患可以過、那個不可以？邱議瑩也很清楚，「囿於法規的限制，他們的審查只能愈來愈嚴格。」

了解箇中緣由的邱議瑩，向衛福部爭取「網開一面」，不要只規定四期；衛福部最後因勢利導，採納民意，因為《特管辦法》是行政命令，直接修法，放寬一到三期的實體癌病患，在標準治療無效後，可以多一種選擇的療法。對判了死刑、只剩有限生命的患者來說，多了一項救命的管道。

《特管辦法》分為「緊急性」與「人體試驗」，曾有一位癌症患者申請改造細胞的基因療法CAR-T，委託邱議瑩幫忙，她找醫事司長劉越萍協助，趕快把送件跑下來。邱議瑩欣慰地說，這個病人現在好了，主治醫師林成龍可以作證。

女童亭亭在二〇一八年確診罹患急性淋巴性白血病，歷經三年化療，仍不幸在化療結束的三個月後復發。考量骨髓移殖之後仍須終身吃抗排斥藥且可能有併發症，亭亭成為台灣首例正式接受CD19 CAR-T細胞治療的患者。她在二〇二二年歡慶十歲生日，是《特管辦法》典型的受惠者。

《特管辦法》管的是技術面，規範醫生要具備什麼技術、病人要具備什麼條件，邱議瑩明白，《特管辦法》可以救急，但只能針對個案，若要「普及」，最終還是要推動《再生醫療法》，才能為病患爭取更多生機。

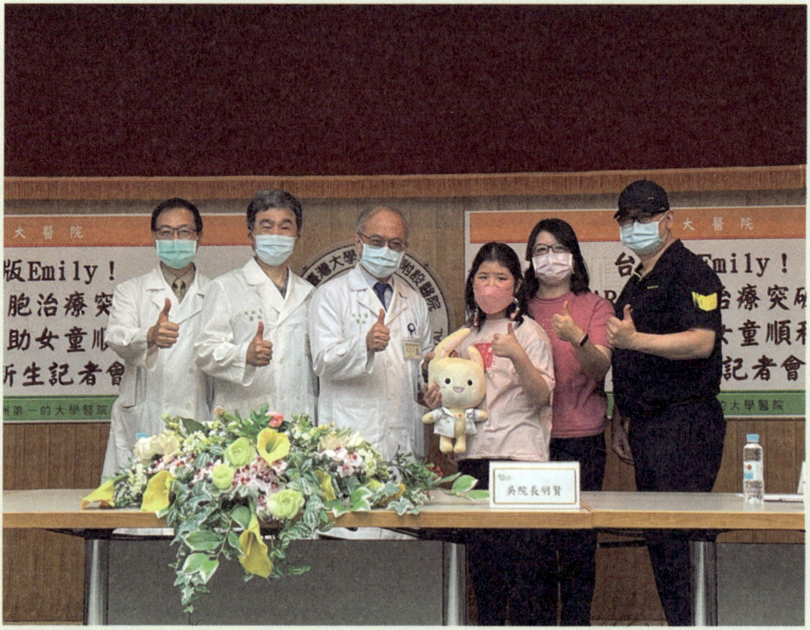

台灣首例正式接受 CD19 CAR-T 細胞治療的血癌患者亭亭（右 3）重獲新生，
台大在 2022 年 7 月 14 日舉行重獲新生記者會。（照片提供／中央社）

連任的動力

其實，二〇一八年是邱議瑩從政以來最低潮的時期。

那一年，陳其邁競選高雄市長落選，網路上一片指責她的聲音。起因是候選人韓國瑜在競選期間發表「投資高雄就陪睡」等言論，邱議瑩在社群平台譴責韓國瑜的陪睡說，卻引起外界批評，指她抹黑韓國瑜，邱議瑩也因此被網友圍剿。

「我被網路霸凌得很慘，超過一百三十二萬則留言，因為我指責韓國瑜不尊重女性，大家都說是我是豬隊友，讓陳其邁選輸，讓我很受傷。那是我對政治最低潮的時候，還萌生了退出政壇的想法，想著不再投入二〇二〇年立委選舉了。」至今仍心有餘悸、不再使用臉書的她，透露這段不為人知的過去。

但是邱議瑩的先生李永得建議她，冷靜下來，沉澱一下。李永得帶著邱議瑩去歐洲散心，在旅途中不斷鼓勵她，甚至還說：「如果你不選，最後我就來選。」

「她知道我在開玩笑，還笑著說：『好，就你來選。』」

「散心」回國後，邱議瑩從李永得的鼓勵中得到動力。李永得建議她，如果高雄第一選區黨內有其他人出來，那邱議瑩可以考慮不要再選。但如果沒有其他人選，邱議瑩內心明白，在民進黨選情最低迷的時候率先跳船，不好也不對，她應該與民進黨一同持續努力。

「最重要的是，想到再生醫療法還未通過，我既然把它當成我的使命，將來可能也不會有人去推動完成，那我必須負起責任。」心中已然澄靜清朗的邱議瑩說：「完成再生醫療法立法程序，變成我想要繼續參選的一股重要動力。」

「我推這個法案，從來就不是為了選票。在我做立法委員的生涯裡，總要留下什麼，對我來說，重新找回健康是很重要的事，所以我也想為生

為了鼓勵邱議瑩走出低潮，
李永得帶她去歐洲散心。

邱議瑩堅定推動再生醫療法，就是為了幫助生病的人找回健康。
2023 年 3 月 20 日，台灣癌症基金會與許多癌症病友團體共同主辦
「國際幸福日：幸福與健康並進　懇請成立台灣癌症新藥多元支持基金」
記者會，她也與多位立委同僚到場支持。

病的人做一些事，讓他們也能找回健康。」邱議瑩以堅定的語氣說，這是她從政以來最明白通達的志願，也是她推動再生醫療法的起心動念。

第二章 再生醫療的概念與台灣的起步

「我的醫生常告訴我，誰等不到《再生醫療法》，走了，我就會難過很久，很久。」邱議瑩低聲說。

二〇一八年拜託邱議瑩幫忙，找醫事司申請 CAR-T 治療的人，就是醫師林成龍。

頂著英國牛津大學免疫學博士學歷，身兼英國倫敦帝國學院外科學講座教授、香港大學外科學與病理學榮譽教授，以及英國皇家外科學院院士等金光閃閃的頭銜，林成龍說到何謂基因療法，一臉嚴肅地表示：「我可以連講三個小時，完全不用看草稿。」

「CAR-T是人類有史以來的第四大醫藥產業。」林成龍提及，這個療法具有劃時代的重要性，何謂四大醫藥產業？第一是小分子藥物的上市，就是我們現在吃的普拿疼、抗生素等等，用化學反應槽做出一公噸的藥，可以供應十萬人。第二是疫苗，從一八八四年巴斯德研究所（Institute Pasteur）開發出第一劑狂犬病疫苗，到現在COVID-19的莫德納、BNT等疫苗，協助身體防禦疫病。第三是治療癌症的標靶藥物，又叫做大分子藥物。

而第四大醫藥產業就是細胞與基因療法（Cell and Gene Therapy），例如CAR-T就是一種結合基因治療與細胞治療的免疫療法；也是精準醫療（Precision Medicine）的一種。換句話說，細胞與基因療法的問市，和抗生素、疫苗、標靶藥物的發明一樣重要。

血液癌症治療的生機：CAR-T

每次革命性創新療法的出現，都帶來更多拯救生命的契機與希望。二〇一七年八月三十日美國食品藥物管理局（FDA）核准了世界上第一張CAR-T免疫細胞療法藥證——諾華藥廠生產的藥物Kymriah。在此之前，二〇一二年，第一位接受CAR-T治療的病人是一位小女生艾蜜莉（Emily Whitehead）。罹患血癌的她，化療後數次復發，焦急的父母於是決定讓她參加賓州大學一種新療法的臨床試驗——CAR-T細胞治療。當時年僅六歲、命在旦夕的艾蜜莉，在接受這項新療法後完全康復，如今已是即將邁入雙十年華的女大學生了。

所謂的CAR-T，全名是「嵌合抗原受體T細胞」（Chimeric antigen receptor T cell），簡單來說，就是將取自人體的免疫細胞——T細胞，進行純化、活化、基因修飾、增殖等基因工程後，讓T細胞變成一輛滿載著武器的車，重新輸回人體後，找到癌細胞，定點殲滅、毒殺腫瘤。做為基因改造細胞的CAR-T，對付腫瘤必須採取人海戰術，每位病人平均每公斤的體重，需要用到五十萬至一百萬顆的CAR-T細胞，例如病人七十五公斤就要用到三、四千萬顆以上的CAR-T。

林成龍以大腦常見的惡性腫瘤膠質母細胞

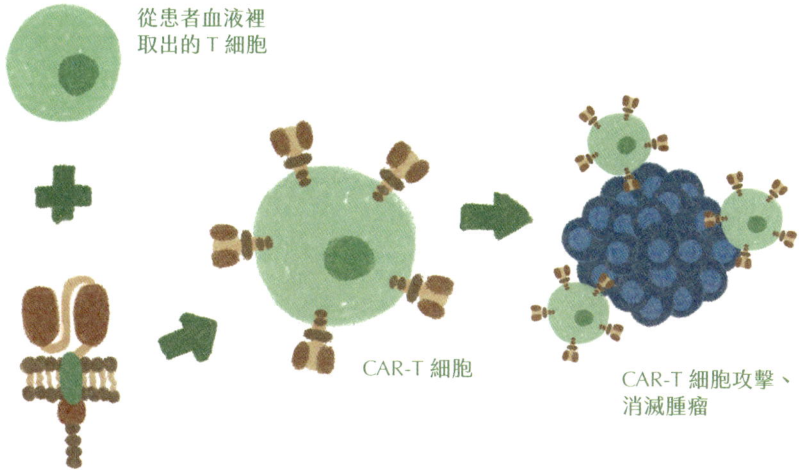

瘤為例，癌末病人很少活過兩年，位於波士頓的麻省總醫院癌症中心，將病人頭骨打開，打進CAR-T，第二天癌細胞就不見了（但仍有副作用）。

台灣立法落後

說話像連珠炮似的林成龍說：「我一直很關注CAR-T新藥在全球的發展，一來是痛心台灣太落後；二來是嚇到，中國在血癌、淋巴癌與多發性骨髓瘤的發展太快速。」

現在第四大醫藥產業的兩大強國即是美國和中國。

以瑞士藥廠諾華（Novartis）的抗淋巴癌新藥CAR-T為例，早在二〇一七年就已經拿到美國藥證。由於製程十分複雜，不論是台大或榮總的病人，抽血後，全程冷鏈空運到瑞士，做完後再運送回台灣，整個過程費時三週，台灣病患健保治療一針要價八百多萬台幣（二〇二三年十一月，健保署正式將CAR-T藥物納入健保，提供急性淋巴性白血病、瀰漫性大

B細胞淋巴瘤的患者，經過化療、骨髓移植等前線治療反應不佳或發生復發後，可以申請一次性的CAR-T細胞免疫治療）；日本健保給付定價是三三四九萬日圓（約九百多萬台幣）。

CAR-T治療不只昂貴，目前全球七家拿到CAR-T藥證的生技公司，病人都還要排隊等候。為什麼？林成龍講得直白，因為「死路一條」；原本被宣告只剩六個月生命的病人，經過基因治療以後，看不到腫瘤，五年後還有五〇－五五%的存活率。CAR-T成為末期血癌、淋巴癌、多發性骨髓瘤患者唯一可以活下去的救命依靠。

「但去中國做CAR-T，只要一百二十萬人民幣（約五四五萬台幣），病患上網隨便一搜尋，最有可能會去哪裡打？中國二〇二四年九月剛核准一項新藥，只要九九．九萬人民幣（約四五四萬台幣）。」由於中國最便宜，台灣《再生醫療法》又沒有通過，生技業者無法在台灣製造，一切只能仰賴進口或是自費到國外做。

印度塔塔集團旗下的生技公司，二〇二四年就做到血癌的CAR-T一劑只要一百萬台幣。林成龍想起唐宋詩人杜牧寫的一首詩：「商女不知亡國恨，隔江猶唱後庭花。台灣還在自滿我們的醫療水平，其實我們一直慢慢地、慢慢地落後。」

《再生醫療法》一拖再拖，但其實法令愈早通過，就愈早有人投資細胞與基因療法，也才能愈早培養科學研究與臨床實驗的人才。只有自己實力夠強，才不怕別人挑戰；才能追中趕美。法令不通過，台灣連陪榜的機會都沒有。

「所以說，邱議瑩委員推動《再生醫療法》是個成就。」同時也是邱議瑩醫師的林成龍十分稱許地說，邱議瑩與其他立法委員不同的是，她推動這項立法是抱持著「為病人好」的中心價值，因為她自己曾經是病人。照顧她很多年的林成龍表示，邱議瑩很勇敢，勇於發聲，而且是「ahead of time」（走在時代前面）。

因為 CAR-T 這麼貴，如果沒有健保給付，病人負擔不起如此昂貴的療法，而且規範了所有醫療的健保，餅就這麼大，不可能讓每位病人都用

健保署將 CAR-T 藥物納入健保後，
在 17 歲時確診急性淋巴性白血病的吳同學深受其惠，
透過健保順利完成 CAR-T 治療，現在已是台大新生。
（照片提供／中央社）

CAR-T治療。推動《再生醫療法》的邱議瑩知道，《再生醫療法》規範醫療機構、醫師對病人執行再生醫療技術、使用再生醫療製劑的行為，包括組織細胞來源管理、人體試驗與研究等項目，可以進一步鼓勵CAR-T國產化。如果台灣可以自己做，不僅成本較低，速度又快，也不需要再送到瑞士進行基因工程如此曠日費時，在治療上需要與時間賽跑的癌末病人，就有很大的機會可以避免等不及的遺憾。

再生醫療不只治療癌症

正是抱著「病人不能等」的同理心，邱議瑩投注了大量心力在這項法案的推動上。她請教當時衛福部的醫事司長石崇良，投入時間與心力討論，研擬草案內容；她拜訪血液腫瘤專家陳耀昌醫師，請他組成團隊，從技術著手，同步邀請台灣再生醫學學會、台灣細胞醫療協會協助，推動立法進程。

同樣協助邱議瑩推動《再生醫療法》的財團法人台灣醫界聯盟基金會

為爭取更多支持，邱議瑩也參與台灣細胞醫療協會年會，
發表「對再生醫療製劑管理條例之期待與展望」。

與會合影人士第一排由左至右：謝興邦、涂醒哲、張鴻仁、
陳耀昌、邱議瑩、石崇良、沈家寧。

執行長林世嘉說，因為再生醫療是熱門題目，醫療基金會二〇一四年就開始推動「細胞治療」臨床試驗的教育訓練課程。

最讓林世嘉感到衝擊的是她「眼見為憑」細胞治療的效果，台灣八仙塵爆事件八〇％燒燙傷患者達二十四人，但患者死亡率低，被喻為醫界奇蹟，除了台灣醫療技術很好，護理人員用心地以各種敷料小心照顧，當時日本伸出援手，從患者身上取了2×3公分見方的真皮層，在四十八小時之內送到日本J-TEC在愛知縣浦郡實驗室，三週後培養8×10公分見方的三十張再生皮膚，在五十小時內移植回患者身上，移植後的皮膚沒有出現色差。

「我二〇一六年底去參觀日本J-TEC在愛知縣浦郡的實驗室，衝擊很大。」使用真人皮膚在實驗室養出「皮膚層片」的方法，就是所謂的自體細胞療法。

林世嘉曾親自拜訪日本大阪大學醫師澤芳樹，他發明以誘導性多功能幹細胞（iPS細胞）製造心肌細胞層片，用來治療心臟缺損病患。二〇一四年，當時才二十出頭的平岡麗美罹患心內膜炎，被宣判只剩三個月的壽命，只能等待換心，澤芳樹醫師將他發明的心肌細胞層片貼在她受損的心臟上，挽回了她原本即將消逝的生命。手術前她告訴父親，如果手術成功，她就不會從世上「神隱」。奇蹟式康復的平岡麗美，二〇一七年實現海外旅遊的夢想，第一站就是來到台灣九份，尋找神隱少女的故鄉，現在仍健康地活著。

林世嘉進一步發現，日本在二〇一三年至二〇一四年陸續立法通過「再生醫療三法」，於二〇一五年正式施行。日本為什麼立這條法規？就是要規範很多檯面下、民間偷偷進行的療法。沒有法令規範的療法，就會處於灰色地帶，日本依產品的風險分級，透過管理制度，可以進一步保障患者因為細胞治療可能遭遇的風險。她認為，邱議瑩委員推動《再生醫療法》與日本立法的緣由一樣，有明確的法令才能保障更多的患者。

澤芳樹醫師（右）發明的「細胞層片」技術，
是心臟衰竭等多種疾病患者的一大福音，
他曾在 2018 年應邀來台做專題演講，分享再生醫學國際趨勢。

左為林世嘉。（照片提供／中央社）

對再生醫療的偏見、誤解

做為劃時代的醫療方法，民眾不了解情有可原，但連許多醫師也一知半解。邱議瑩舉辦《再生醫療法》公聽會時，就有婦產科醫生拿再生醫療與民間青草茶的偏方來比擬。

「我只能用傻眼來形容我的心情。」邱議瑩苦笑著說。

《報導者雜誌》曾經刊出兩篇對「再生醫療」的報導，指陳《再生醫療法》會讓病患誤以為是救病仙丹，放棄常規的治療。

邱議瑩直接向好友、《報導者》總編輯何榮幸抗議：「你這樣寫會害死再生醫療，因為合法的醫生希望規定通過後才能合法做，也才能有法可罰，杜絕那些地下非法亂做的事情發生。」

「我從來沒有說再生醫療是救治仙丹，要放棄傳統的治療。」邱議瑩強調，「有人罹患癌症卻拒絕化療，這是病人的身體，病人的健康，病人有自主權，但我會建議要跟醫生討論。再生醫療是讓病人有另外一種療法可以選擇。」

除了癌症，再生醫療在燒燙傷皮膚修復、運動傷害、關節退化、器官及神經損傷、免疫疾病等方面，也都能提供良好的治療效果。

邱議瑩常舉例，大家都會老，老了以後可能要換人工關節，但再生醫療法提供「自體軟骨細胞治療」的治療方案，透過抽取病患膝蓋組織細胞，培養出新的膝蓋軟骨細胞，再開刀植入，可以進行膝蓋軟骨細胞的修復，有很大的機率不用換人工關節。「行醫三十年，捐出上億金錢做公益的義大醫院院長杜元坤，他做這個最厲害。」

提及為什麼要推動《製劑條例》？邱議瑩表示，因為現在進行膝蓋軟骨細胞的修復，一隻腳要四十萬，大部分人都是兩隻腳都磨損，加起來就要八十萬元，如果磨損太嚴重，抽自己的細胞出來做的效果可能不會太好。如果來自一個健康的捐贈者，透過《製劑條例》，由生技公司將一組細胞複製成十組細胞，就可以佳惠十個病人，在時間上、技術上，還有價格上，都讓病人受益。

再生醫療一度被外界詬病為「富人醫療」，連健保署長石崇良都公開說明，《再生醫療製劑條例》制定的目的之一，讓細胞治療走向異體化、自動化、量產化，才能讓原本「客製化」的昂貴療法降價；尤其搭配《生技醫藥產業發展條例》，鼓勵業界投入研發享有賦稅優免，量產後才有普及的可能，讓再生醫療不再是「富人醫療」。

是否會引起非法細胞買賣呢？邱議瑩解釋，這就是為什麼要立法，《製劑條例》中明訂了管理辦法，如果不立法，有人賣血、賣細胞無法可罰。誰可以捐贈，誰不能捐贈，透過法令來規範生技公司依循的原則，並且制定罰則。《再生醫療法》禁止胎兒做為細胞治療的提供者，避免道德的疑慮；同時明定「非醫療機構」不能執行再生醫療，並且執行再生醫療的醫療機構也須經過主管機關核准，進一步保護患者的權益。

義大醫院團隊近年引進自體軟骨細胞層片的細胞治療技術，
院長杜元坤（右）於 2021 年 12 月 4 日在記者會上分享治療成果，
表示這項技術已嘉惠 3 名患者。
（照片提供／中央社）

第九屆立院會期的遺憾

「所以我當立委的每一天，當我知道又有人癌症病逝，當我聽到又有人來不及，我會告訴自己，我應該更努力把這個法案完成。」濃眉大眼的邱議瑩說出自己的心聲，她常忍不住為聽到的死訊掉淚，生命不應消逝在立法不作為與立法怠惰的轉折點上；病痛險惡，卻不應葬送在無知的誤解與行政的消極上。

二〇一九年，行政院提交《再生醫療製劑管理條例》到立法院，邱議瑩拜託當時的召委，列入立院會期優先法案，如果能順利通過，醫院就可以合法提供相關療法，病患也不再只能到國外就醫。

《再生醫療製劑管理條例》草案，規範藥劑與細胞的製程、實驗室與廠商的查驗與監督。其中，明定附款許可，讓危及生命或嚴重失能的疾病，完成二期臨床試驗，並經審查風險效益、具安全性及初步療效者，可及早取得再生醫療新藥，進一步提供台灣生技業者開發新藥的法源。

《再生醫療製劑管理條例》送到立法院的衛生與環境委員會審查時，
邱議瑩竭盡全力與立委同僚溝通，可惜最後協商仍未有定論。

左起邱泰源、陳時中、劉建國、邱議瑩。

沒有想到，送到立法院的衛生與環境委員會審查時，同是民進黨籍立法委員的邱泰源，主張「製劑」應該改為「製品」，許多條文遭到保留，協商沒有結論，眼看這個會期就要結束，邱議瑩在立法院審查會場失望地掉下眼淚。

第三章

立法過程中的挑戰

「我都可以走過生死這一關了，沒有什麼看不開的。」

談及推動法案過程中所面對的挑戰，邱議瑩以淡然的語氣表達自己跨過生死關頭之後在心境上的改變。這樣豁達的心境，不僅幫助她跨越在立法院內所遭遇的各種挑戰，也讓她在面對選戰時得以保有更穩定的心理狀態。

二〇一九年，邱議瑩投入緊鑼密鼓的選戰，由於對手猛攻她支持同婚法，在高雄大社、大樹、燕巢等傳統的農業地區放滿了「絕子絕孫」、「斷香火」、「男人娶男人」等布條，布條底下的一行好像還寫著「邱議瑩支持同婚通過」等字句。

在立法院投下支持同婚法的一票，是邱議瑩對「愛與被愛」的回應。她想到自己開刀時，如果身邊最親密的人無法在醫院裡頭幫你簽字，在法律上你只是個「nobody」（無足輕重的人），那種感覺是很深刻的悲傷，因此她希望「給相愛的人一個結婚的機會」。同婚法代表的不只是包容，也不只是接納，更是具有歷史價值的法案。縱使她的選區很鄉下，連公婆也不能接受，她仍霸氣回應：「做立委沒什麼了不起，不做立委也沒什麼了不起。」對她而言，尊重人權與守護自由更為重要。

為了迎戰對手矯情使詐的攻擊與抹黑，李永得建議邱議瑩「直球對決」，有人攻擊你時，不要迴避。李永得認為，看似有負面影響，其實不用擔心，「因為我相信，選民想要看到你真正的本質、你的想法是什麼。」邱議瑩的想法簡單明瞭，就是希望所有相愛的人都能終成眷屬。

第九屆立委選舉，邱議瑩靠著堅實的選民服務與殷實的地方耕耘勝選，因為她自從選上高雄第一選區立法委員後，直到現在，地方的柱仔跤（樁腳）還是一直支持她，李永得分析，「有著爽朗個性的邱議瑩，很容易與選民稱兄道弟、打成一片，我覺得是遺傳自她的父親，從小耳濡目染，加上她有語言的天分，到了客家庄，說得一口道地客家話，擁有群眾魅力的她，讓她的選區易守難攻。」

多方請教，大力奔走

然而，打贏選戰的喜悅，很快就被邱議瑩對《再生醫療法》進度的關切所取代，甚至勝過她在二〇二〇年連任第十屆立委的滿足感。因為根據立法院「會期不連續」的原則，每屆立委任期屆滿時，尚未議決的法案，下屆不予繼續審議。如果希望繼續推動《再生醫療法》，邱議瑩必須在下一屆重新送交立法院審議。她趁著立法院開議前，拜訪了立院總召老柯——柯建銘，拜託將《再生醫療法》列為優先審查的法案；新的會期，選出新的衛生環境委員會的召委，不論同黨與否，邱議瑩都會前去拜託，請求協助排入委員會的審查議程。

為了充實《再生醫療法》法令的內容，邱議瑩先拜訪前副總統、時任中研院院士陳建仁，請教他專業的意見，包括《再生醫療法》是否會對研究與執行的醫師存在滯礙難行之處？是否會限制科學研究的空間？

陳院士一開始有些驚訝，為何邱議瑩會對《再生醫療法》如此投入。

邱議瑩笑著對他說，大家對她的印象都是在立

法院凶巴巴地罵人。「陳院士知道我曾經生病，也提到自己二〇一五年曾檢測出罹患肺腺癌初期。」陳建仁因此協助推動全球首創的肺癌篩檢公費補助，將重度吸菸者及有肺癌家族史的民眾納入低劑量電腦斷層篩檢中，他十分支持先進癌症的研究，並且提供很多專業的意見。

讓邱議瑩感到訝異的反而是衛福部長陳時中，他一上任衛福部長，邱議瑩即前往拜訪，同時期待加速法令的進度。

「部長，我在推動再生醫療，請您多支持，同時我也想找一個時間向您報告推動的困難。」邱議瑩客氣地說。

「沒有問題，這個法對病人來說太重要了。」陳時中部長馬上「阿沙力」地說。

「部長！您全力支持啊？」有點意外的邱議瑩趕緊接話。

「全力支持。」陳時中再次強調這個法案很重要。

「我原本以為陳時中部長對再生醫療不了解，後來在私下場合才知道，陳部長有家人生病，也查詢過細胞治療的相關資訊，因此他知道再生醫療對台灣醫療的發展很重要。」陳時中也全程參與邱議瑩舉辦的公聽會，以行動表示他的全力支持，讓邱議瑩很感動。

動用政治人脈，全心全意

出身政治世家，做為民進黨連任六屆的立法委員，為了推動《再生醫療法》，邱議瑩不放過任何遊說的機會。她就像傳教士一樣，在各種不同的場合解釋與推廣再生醫療。她也不錯過與黨內高層見面的機會。

「健康台灣」是前總統蔡英文很重要的政策，蔡英文連續出席六屆「台灣醫療科技展」，邱議瑩藉機拜託總統支持《再生醫療法》，也多次向總統的幕僚表達推動的瓶頸；小英總統也會特別強調，發展精準醫療與再生醫療對台灣十分重要。

本身是醫師的總統賴清德，在他擔任行政院長期間，邱議瑩偕同林成龍醫師等人，親自向賴清德做簡報，解釋再生醫療的重要性，希望行政院大力支持。賴院長仔細詢問，了解被稱為「癌症救星」的 CAR-T 基因改造療法對血癌的影響。邱議瑩趁機反映，由於沒有立法通過，除了參加臨床實驗的病人之外，病患只能到國外治療。如果國人都跑去中國治療，那血液資料就會留在中國，對台灣的血液與細胞資料庫的建立與保存都將是一個危機；尤有進者，應該成立再生醫療相關的財團法人，建立「國家血液、細胞資料庫」，收集台灣人的種源細胞，促進國家生技發展。賴院長聽了立即責成部長，全力推動。

她也很感謝醫師出身的林靜儀委員，二〇二二年台中市進行立委缺額補選，勝選來到立法院的林靜儀，與邱議瑩一起拜訪新任醫師公會聯合會，於政策拜訪與說明時，在解說艱深的醫療名詞上，幫了很大的忙。

2022 年 12 月 13 日，
林靜儀（右四穿綠色外套者）陪同邱議瑩（右三）拜訪醫師公會，
討論再生醫療法。

2020 年 5 月 23 日，
邱議瑩參與高雄醫師公會舉行的研討會，與醫師們針對再生醫療進行討論。
右為王宏育醫師，左為賴聰宏醫師。

一字之差，醫藥紛爭

時序回到二〇一九年第九屆會期，《再生醫療製劑管理條例》已進入到立法院衛環委員會討論的階段，但是出師不利，在第一關審查法令名稱時，就卡住了。

關於《再生醫療製劑管理條例》的名稱，第九屆的民進黨籍醫師立委邱泰源極力反對使用「製劑」這個名稱，認為應改成「製品」。邱泰源主張，如果名稱用再生醫療「製劑」就屬於藥品，必須適用《藥事法》相關規定，但細胞與基因治療的產品是屬於醫師的權責，中間無須經過藥師調劑的階段，所以不應歸《藥事法》管理。因此，他另外提出《再生醫療製品管理法》草案，總計九十二條的條文，與其他委員版本相差很多，無法併案討論。

當時擔任醫師公會全國聯合會理事長的邱泰源，率領全國醫師公會極力反對「製劑」，堅持用「製品」名稱，由於立法院的會期有屆期不連續的原則，法案胎死腹中。

「我很直白地說，醫藥分業後，醫生與藥師之間的衝突愈來愈大。」邱議瑩苦笑著說，再生醫療屬於細胞治療，是醫生在做，不可能會是藥師去主導，但醫界卻擔心主導權被藥師拿走，因為「製劑」這兩個字就鬧得天翻地覆，把《再生醫療法》搞到「開花」（指把事情搞砸）。

台灣醫界聯盟基金會執行長林世嘉更是挑明了說，醫界與藥界在醫藥分業時結下了梁子，《再生醫療製劑管理條例》再度掀起新仇舊恨，其實，再生醫療涉及生物醫學、醫技、化學與法規等多個層面，又豈是藥品與治療二分法可以解決？

「聽來有些莫名其妙，為了藥品與藥劑一字之差，爭執不休，浪費了兩年的時間，還被媒體嘲笑，民進黨黨內互打。」林成龍不諱言指出，這是本位主義作祟，醫藥分業後，醫師調劑權受到影響。同時，醫界存在著無知的傲慢，堅持自己是對的，但其實全世界都是以《藥事法》來規範再生醫療，由FDA來監管，「因為它就是藥品，難不成要當成商品嗎？」

邱議瑩十分清楚箇中玄機，如果將「製劑」改成「製品」，反而可能成為推動《再生醫療法》通過最大的障礙，因為如果使用邱泰源立委主張的「製品」，英文是「product」，主管機關將變成經濟部，而不是衛福部。經濟部知道了以後，勢必不能管、不想管也不會管，因為這本就屬於衛福部的權責。在邱泰源領導的醫師公會聯合會堅持己見的情況下，連衛福部的官員都私下拜託邱議瑩去溝通。

甚至國民黨不分區立委陳宜民都看不下去，陳宜民二〇二〇年卸任時曾說：「《再生醫療法》還未通過，是遺珠之憾。」陳宜民還大力稱讚邱議瑩，呼籲邱泰源不該在「製品」或「製劑」兩詞間糾結。

勤於溝通，化解紛爭

為了解決阻礙，邱議瑩知道解鈴還需繫鈴人，優秀的立法委員擁有兩種武器，一是溝通，二是勸說，兩者她都用上了。她準備了很多的資料，從她的選區高雄醫師公會開始溝通勸說，花了三、四小時與這些醫師溝通，雙方針對醫師執業與病人權益照顧不周之處，提出修正意見。

雖然不是醫師出身，但邱議瑩勤於向專家請教，對專業名詞朗朗上口，讓在場的醫師專家刮目相看。

她以日本大阪大學醫師澤芳樹發明心臟層片為例，向在場的醫師進行遊說，澤芳樹向日本厚生省申請藥證，原本必須進行繁複的人體試驗才會核發的日本厚生省，只根據澤芳樹的八個成功案例就核准，因為認為這個技術太了不起了，可見日本政府也十分明白發展再生醫療的重要性。

「過程真的很艱辛。」邱議瑩不免嘆息，當下醫師們都理解，但沒有多久又被施壓，維持原來的反對意見，主要原因是醫師公會對外必須維持統一的立場。

媒體還大做文章，稱綠營內部兩位「邱」委員僵局難解。面對同黨委員操戈的窘迫與艱難，更何況對方還是一位醫師，邱議瑩充分展現協調者與勸說者的領袖特質。她在二〇二〇年五月十二日於立法院群賢樓九樓，和立委劉建國、吳玉琴，以及台灣醫界聯盟基金會，共同舉辦「《再生醫

2020 年 5 月 12 日舉辦的再生醫療公聽會，
陳時中全程參與，以實際行動表達支持。

療製劑管理條例》公聽會」，吸引醫界、學界與業界人士踴躍參加。台灣再生醫學學會、台灣幹細胞學會，以及台灣細胞醫療協會，甚至還發表共同聲明，希望盡速通過「再生醫療」專法，才能使產業有所依循，加速我國細胞製劑上市，造福病人。

邱泰源以未收到邀請為由缺席，林世嘉執行長認為，「立委需要溝通，社會需要教育」，再生醫療是很高端的科學，涉及生物、醫院、醫技、化學與法規等多個層面，既是打到人的身上，當然要高度監管，「入法」才能讓有關單位有武器去管。她忍不住說：「當時反對的醫師真的是沒常識又沒讀冊。醫界真的要謙虛。」

官商勾結，莫名指控

到了第十屆，立委邱泰源態度轉變，願意支持《製劑條例》，而且二〇二〇年之後開始有愈來愈多的醫院投入再生醫療領域，專家認為，應該要有一個母法，就是《再生醫療法》，另外以兩個子法來規範「製劑」與「技術」。於是，衛福部在二〇二一年十二月提出《再生醫療發展法》、《再生醫療施行管理條例》、《再生醫療製劑管理條例》草案，統稱「再生醫療三法」，讓細胞治療走向異體化、自動化、量產化，讓再生醫療不再是「富人醫療」，進而讓更多患者受益。

然而，經濟部提供意見，認為三法過於疊床架屋，尤其是《再生醫療施行管理條例》與《生技新藥管理條例》又有重疊之處，因此再度調整，從再生醫療三法變成雙法。

到了第十屆會期時，卻又遇到許多莫名的阻撓。例如某位立委在「每一次」委員會開會、黨團協商時都提出「新的」修正動議（至少超過六個版本以上），反對時言之鑿鑿，認為法條通過後是「把國人當成白老鼠」，卻又無法提供完整的立論與數據；另外，包括中華民國醫師公會全聯會、中華民國基層醫療協會、台灣醫學中心協會，都跳出來發表聲明抗議，最後協商破局。

邱議瑩說，該立委提出每一版本的修正動議的邏輯都不一樣，第二版反對第一版，第三版又反對第二版，但是第四版又同意第一版，完全邏輯錯亂。面對這種「來亂的立委」，邱議瑩說自己一天要深呼吸幾百遍，也會忍不住一直翻白眼，相當無奈。到後來，連衛福部官員都受不了，只能一起深呼吸。

該名立委還影射支持法案的立法委員是因為有投資「再生醫療生技公司」，涉及「圖利」、「炒股票」、「收受生技公司政治獻金」。

邱議瑩公開批評這位立委，是把「台灣醫療發展」、「病人權益及需求」當作政治籌碼，以此營造自己政黨聲量的立法委員。

「其實這讓我很難過，推動《再生醫療法》就是在幫廠商講話的指控，或是將推動再生醫療法案的立委，扣上與生技公司勾結的帽子。」邱議瑩娓娓道來：「我很潔身自愛。我的原則就是不接受生技公司的政治捐款。選舉期間，我都告知助理，生技公司的捐款一律不收，從公開的政治捐獻資料就可以看得出來。我與專家學者、醫生或是生技公司面談，也避免私

來到第十屆會期，再生醫療法的推動仍需要花很多心力去說明、爭取支持。
圖為 2023 年 3 月 30 日再生醫療雙法審查會。

2024 年 5 月 8 日，再生醫療法協商會議。左為王正旭委員。

下一對一的見面，都是在論壇、學會等場合，了解他們的處境，或是在公開場合請教關於研發或是政府政策推動的困難。」

「我的初心是，如果生技廠商研發順利，病人就能直接受惠。我相信時間可以證明一切。」邱議瑩以行動與自我的要求來證明，並以高標準來要求自己。

邱議瑩國會辦公室主任Ruby透露，「來請託的民眾，禮盒我們都不收的，她一直都很堅守原則。」

邱議瑩對自己要求很嚴格，卻對團隊十分愛護及慷慨。Ruby爆料自己老闆，「委員選區包含十四個小選區，每個小選區都有聘助理，單單助理費就超過她立委的薪水。她還每年帶我們去員工旅遊，疫情那兩年不能出國，就包車讓員工去宜蘭玩三天二夜，有一餐特別安排了大家平常比較捨不得享受的無菜單料理。」

「她就是這樣對員工好。所以看到她為了黨內的團結吞下委屈、吃了虧時，我們也會為她叫屈。」Ruby說，推動《再生醫療法》這一路走來，邱議瑩歷經許多困難，常常忍氣吞聲，她也多了很多的耐心。

人生本來就不會如你的意

面對「官商勾結」這種無端的指控與抹黑，邱議瑩說，當下會很生氣，但現在想想，反而要感謝他們，試著讓自己往另外一個角度思考。她告訴自己：「好吧！生氣就一下下，不要一直卡在哪裡。眼淚擦乾，還是要往下走，還是要去面對。」

人生本來就不容易，如果身邊的人沒有遇到這樣的病痛，又怎麼會感同身受？尤其是她罹癌之後，對人生的看法有了很大的轉變，除了生死，哪有什麼過不去的關卡。對自己所遭遇的一切，她終究是釋懷了。

提及邱議瑩的豁達，林成龍醫師也很讚許地說，她有韌性，很堅毅，

「我看過她氣到哭，當著我的面跺腳；但深吸一口氣後，繼續幹活。」他進一步說：「她不簡單，不會遇到挫折就後退，可能與她成長背景有關，從小一個人在澳洲獨自求學，還要照顧弟弟。」林醫師覺得更不簡單的是，邱議瑩經過化療的痛苦，還能如此堅毅地推動法令，光是這一點就贏過很多人。很多生過重病的人只想把身體養好，顧好自己就好，但是她很勇敢，努力去推動再生醫療法。

曾擔任不分區立法委員的林世嘉也感受深刻，「我當立委時，早上五點半起來看新聞，接著跑行程，中午進立委辦公室時，人都想癱在座位上了。」卻看到邱議瑩為了照顧選區，常常在台北立法院與高雄選區兩頭跑，又要因為《再生醫療法》經常在行政與立法之間穿梭；但即使是對手欺凌她，把她罵到哭，進行人身攻擊，邱議瑩也沒有放棄。「我很火大時，她還會安慰我，老實說：『我是很捨不得她啦！』」

再生醫療法　命運多舛

《再生醫療法》通過前，很多病人在癌末最危急的時候，或是遇到已經無藥可醫，藥石罔效時，只能透過恩慈療法申請。

台北市議員許家蓓在二〇二四年九月因子宮內膜癌逝世。「我知道她生病，還幫她找醫師，看看能不能加做細胞治療，但她發現時已經四期，而且擴散到骨頭。才四個月她就走了，人生真的很難。」邱議瑩說著說著隨即眼眶泛紅。

「不認識的人都會覺得難過，更何況是認識的朋友，就像我自己發現癌症的時候，就是『幸好早一點』發現，後來我都會想，如果能夠早一點發現，如果能夠早一點治療，他們的人生是不是就可以不一樣。」所以她把《再生醫療法》當成是使命，「如果任期內可以通過，這會是一件很有成就感的事；如果有生之年能夠成就一項安生立命的法案，這也是人生很不平凡的事。」她不禁語帶哽咽地說。

邱議瑩經常接到請託，協助敦促送到醫事司的恩慈療法審查可以盡快核准。

她說：「每一次的選民服務，每一次這樣的請求，甚至身邊罹患癌症的朋友病逝，都加深了我要推動此法的急迫感與勇氣，後來更成為我繼續當立法委員很重要的使命。我期許自己在任期內完成這項使命，這一屆沒有完成，下一屆就一定要當選，繼續推動。」她希望這個冷門艱深的法令，能成為許多病人暖暖的光。

這項法案歷經多年的朝野角力，過程相當曲折，好不容易到了第十屆會期的委員會審查，在多次協商後終於有了共識，逕付三讀之際，卻遇到國民黨、民眾黨所提的「國會改革法案」來插隊，好事多磨，讓《再生醫療法》的通過，就差臨門一腳。

第四章

再生醫療法三讀通過

「只有一件法案沒有完成，會讓我很不甘心，就是《再生醫療法》。」邱議瑩說。

二〇二四年第十一屆第一個會期，五月十四日程序委員會討論三讀法案的議程時，國民黨、民眾黨在程序委員會強力動員，「國會改革三法」硬是擠掉了《再生醫療法》，讓原本無需交由朝野黨團協商，只要逕付三讀即可通過的《再生醫療法》，通過無望。

國會改革三法攪局，就差臨門一腳

這一天，邱議瑩槓上了阻擋《再生醫療法》排入三讀程序的國民黨籍立委羅智強。

羅智強現場開直播，諷刺《再生醫療法》是被民進黨延誤。力抗國會改革三法，穿著「反黑箱、反擴權」黑色T恤的邱議瑩，頓時氣炸，拿著扇子往羅智強臉上拍去。推擠之中，邱議瑩的袖子也被扯破了。

邱議瑩事後說：「國民黨只是為了滿足他們的擴權法案，硬是把《再生醫療法》拉下來，我其實是非常失望與難過，要把大家期待這麼久、能夠照顧病人的法案往後拉，讓我非常不甘心。」

「我現在都會克制我自己，很少去前面跟人家吵架，但羅智強說的話，我沒有辦法容忍。《再生醫療法》怎麼會是民進黨在擋呢？都是我們民進黨在推動。尤其是他們把這個法案當作是嘲諷的武器時，讓我更加、更加地生氣，如果有同理心，絕不會拿關乎生命的法案來嘲諷。」邱議瑩無法

2024 年 5 月 16 日，民進黨團舉行記者會，抗議藍白擋下救命法案。
左起王正旭、邱議瑩、吳思瑤、黃秀芳、林月琴。

忍受的是，國民黨立委對這法案不了解，竟把法案當成鬥爭的工具。

邱議瑩與民進黨團同志舉行「國會擴權擺中間，救命法案放一邊」記者會，指責藍白為了玩政治，連救人的法案都要擋，「你們的良心在哪裡？」也讓外界與社會輿論發現《再生醫療法》的重要。

他們擋了《再生醫療法》，反而讓大家注意到這個法案，讓大家知道《再生醫療法》可以幫助到很多病人。現在想想，反而要謝謝他們。「老天爺都有祂最好的安排。」邱議瑩釋懷地說。

打架幕後，Q版邱議瑩

提及老婆在立法院打架，李永得說：「先前，我不是很了解《再生醫療法》，可是聽她在講的時候，會覺得『我老婆怎麼這麼專業』。後來我發現，生性浪漫、追求自由的她，只要談到《再生醫療法》，總是頭頭是道，論述擲地有聲。因為她把《再生醫療法》當作是窮極一生想要完成的使命。

很多立法委員在推法案時，通常不會深入到細則，但她加強自己的知識，甚至已經到了很專業的地步，連醫師都訝異她怎麼懂那麼多。因此我讓她知道，『只要是你做的事我都支持。』」

他進一步表示，「邱議瑩問政很剛烈，很多人說她根本不像女生，但是她在家裡跟在立法院完全不一樣。」

為何她會如此？「我觀察，除了個性，與她從小家庭成長背景有關。」李永得近距離觀察，邱媽媽是一位非常顧家、很愛小孩的人；邱爸爸則是在外面闖蕩的人，是個豪邁男子漢。邱議瑩身上則同時融入了父母的兩種個性，很容易與選民打成一片的這一點就像爸爸；回到家，她就像被媽媽附身，一定要把家人照顧得很好。

提及邱議瑩溫柔小女人的一面，跟隨她二十四年的辦公室主任 Ruby 忍不住說：「委員是外表堅強，內心脆弱。她是那種結婚前與結婚後差很多的女生，談戀愛以後就戀愛腦，以夫為天，把老公顧得很好，甚至把老公養壞了，連出國或是回高雄跑行程，都擔心老公沒有東西吃，還會準備好蘋果、芭樂等精力湯的材料。」

《再生醫療法》終於三讀通過，感動落淚

二〇二四年六月四日，《再生醫療法》雙法在立法院三讀通過，標記著台灣醫療邁入「再生醫療」的時代。在草案完成立法程序後的發言，穿著白色套裝的邱議瑩，平靜又慢條斯理地向大家表達她的感謝：

二〇一五年，台灣有一名鼻咽癌四期患者在國發會的政策連署平台發起癌症免疫細胞治療療法的修正法案，短短八天之內就完成五千人的連署。這位癌友希望台灣癌友能夠接受免疫細胞療法，能夠讓政府正視這個法案的推動，可惜，他不幸在二〇一六年就過世了。

從二〇一五年我發現這個連署法案開始，我也正式投入了癌症細

胞免疫療法的法案研議。其後，在二〇一八年九月，衛福部先行通過了《特管辦法》允許可以有六項低風險的細胞治療，一路一直到今天的《再生醫療法》，我們花了將近十年的時間。

這一路走來，我們要謝謝衛福部許多的同仁，包括陳時中部長、薛瑞元部長、（健保署）石崇良署長、（食藥署）吳秀梅署長、（醫事司）劉越萍司長，以及陳建仁院長、陳耀昌醫師等專家的協助，還有陪伴著我，在這個修法的過程裡頭一路不放棄的所有立委同仁，包括黃秀芳、王正旭、林月琴、蘇巧慧、邱泰源、林靜儀等委員，甚至陳昭姿委員我們也一路都在委員會裡花了兩天的時間來密切審查。

我必須再一次，謝謝大家對《再生醫療法》的支持，甚至我也期待《再生醫療法》通過之後，對於很多有需要的病人，其實他們多了一種選擇，讓台灣醫療體系能夠準確地提供病人非常即時的醫療幫助。再次謝謝大家，在這最後一哩路的協助與推動，未來還需要有更多更多嘉惠病人的法案持續來進行。

對於法案的通過，邱議瑩不居功，簡短的兩分鐘致詞裡，她就花了一半的時間一一唱名感謝推動《再生醫療法》的過程中曾給予協助的衛福部官員與立法院同僚；然而這些被她感謝的人，卻紛紛異口同聲地恭喜她。他們都知道，這個以近十年時間所催生出來的法案，她居功厥偉。

正如同黨立委蘇巧慧的發言：「我要特別向邱議瑩委員致敬。大家都知道，她曾是一位癌症的患者，她用親身的經歷，做為一位立法委員，在立法院推動法案。十年間，歷經多少挫折、困難，但是協調再協調、協調再協調，終於等來了法案的三讀。今天這部法案的通過，邱議瑩委員值得社會給她一個掌聲。生技醫療產業，我們一起加油！最終受惠的仍然是病友。大家加油！」

此時坐在院會最後一排位子上的邱議瑩，忍不住地眼淚直流，她想到十年來的努力，腦中閃過很多畫面。有人說再生醫療是偏方，她用真實案例說明；半路插花的立委批評她不懂，她隱忍不發；反對的立委抹黑她圖利生技業者，她清者自清；同黨議員杯葛，批評此法是為富人找出路，扣她帽子，她都忍下來了。忍下所有一切，持續竭盡所能地溝通，為的就是希望《再生醫療法》盡快通過，造福病人。

她柔韌的意志與想要挽救更多病患的真心，都落實在超過一萬一千字的《再生醫療法》與《再生醫療製劑條例》的字句裡。

十年來，她兩次淚灑會場，一次是失望的；一次是感動的。前一次是二〇一九年黨團協商沒有結論，審查無疾而終，眼看著第九屆會期就要結束，法案再度被延宕，想到癌症病人根本等不及，她懇求立委同僚別再杯葛，講到激動處忍不住落淚。這一次是蘇巧慧的發言，正好說中了她的心聲，十年努力，終於有成，一路走來的那些挫敗、憤怒與不甘，在這一刻都化為感動、喜悅的淚水。

不像她二〇二〇年推動農民福利法案，《農民退休儲金條例》、《農業保險法》很快就三讀通過。《再生醫療法》的推動，可謂一場硬仗。她回顧

2020 年 5 月 23 日，《農民退休儲金條例》三讀通過。
左起柯建銘、蔡易餘、邱議瑩、王美惠。

2021 年 1 月 4 日，農保開辦典禮。

兩者的差異，認為過去對農民的保障太少，她推動《農民退休儲金條例》，讓農民有退休金可以請領，還有《農業保險法》讓農作物可以投保，降低農民經營風險，不只是她選區內的農民有更多保障，而是台灣所有農民都受益，許多立委的選區內都有農民，因此大家也都很願意促成法案通過。

李永得從旁觀察，覺得邱議瑩真的是把《再生醫療法》當成一件大事去做。「遇到這麼多困難，我們通常會想，算了吧。但是她鍥而不捨，能夠把憤怒與挫折化為理性對決，最後在院會無異議通過，在醫療史上、對生技產業，都是很重要的里程碑。我徹底佩服她。」談起妻子的認真與專業，李永得毫不吝惜他的讚美，也在很多朋友面前誇讚她：「我的老婆真是了不起。」

推動《再生醫療法》的堅毅，就像她罹癌後打精力湯的毅力，十年多來，沒有中斷過。在辦公室，她打第一壺都先強迫助理們喝，這種照顧、推廣健康的心意，感染了相鄰的立委辦公室，用「寄杯」方式一起喝，甚至成立了精力湯的 LINE 群組，招呼路過的立委「喝一杯」。就連邱議瑩回高雄選區，或是出國時，先生李永得也都在她事先備好料的情況下，自己打精力湯來喝，養生保健。

在台灣，每五十秒就有一個人罹患癌症，《再生醫療法》的通過，可以讓更多的重症、急症、難症與罕見疾病患者受惠。邱議瑩說，除了癌症治療，法令通過後，運用細胞治療可治療更多疾病，例如急性心肌梗塞、心肌炎、腦中風，或者用來修復受損的脊髓細胞、膝關節軟骨缺損、糖尿病慢性傷口等。

例如前衛福部部長林奏延創立的艾萬霖生技，是國內唯一以外泌體研發為重點目標的生技公司，致力於退化性疾病新藥開發，未來將對青光眼、退化性骨關節炎、慢性腎臟病變等治療有所助益。在衛福部有條件開放人源外泌體做為化妝品原料之後，艾萬霖也推出了台灣第一項人類外泌體保養系列產品。

除了讓病人增加醫療選擇，《再生醫療法》提供明確的法源依據，為患者帶來更完善的保障。其次，法令規範再生醫療相關治療技術、醫療院所業者有多元參與管道，可以進一步鼓勵生技業者加速研發，也會因再生醫療製劑量產而降低治療費用，減少患者的家庭負擔。

台灣要加快腳步

二〇二四年九月，邱議瑩在秀傳醫院總裁黃明和的安排下，前往東京女子醫科大學拜訪清水達也教授，他是做心肌細胞層片的專家，目前進行人體試驗，算是走在世界的前面。

台灣可以說慢了日本十年，日本現在已經有二十七項產品拿到藥證上市，更有兩位研究細胞療法的專家山中伸彌、本庶佑拿到諾貝爾醫學獎。《再生醫療法》通過後，台灣真的要加快腳步，才能迎頭趕上。

說到立法落後，林成龍感受深刻，二〇一六年，他賣掉手中有關鼻咽癌的專利，把這些錢拿回來台灣，創辦沛爾生醫，從事CAR-T的研發與製程。

「十多年前我從英國回來時嚇了一跳，台灣不是號稱醫療大國嗎？卻

2024 年 9 月 9 日，
立法院厚生會至東京女子醫科大學拜訪清水達也教授（上圖左三）。

因沒有立法規範細胞基因治療，在生醫發展這一塊落後其他國家。中國已經發了四張藥證，並且敢丟錢投資，要將生醫技術建立起來。」

「大陸是共產主義國家，卻有最資本主義的醫療體系。台灣是資本主義國家，但靠健保分配醫療資源，可說是共產主義的醫療體系。」林成龍感嘆地說。

美國早在二〇一七年發出第一張治療血癌的藥證，接著是淋巴癌。「我心裡的感覺是，落後美國還好，落後中國大陸，我很不甘願。以前是大陸的病人來台灣看病，結果現在換成我介紹患者去大陸。」

促成醫療發展新里程碑的法令

《再生醫療法》有一條規定「附款許可」（conditional approval），讓生醫業者通過第二期臨床實驗，確認有初步療效的藥物，可以直接上市；附帶條件是，業者要在五年內補足第三期臨床試驗，因為依據生物統計學，第三期臨床試驗做完才能確認療效（confirmatory），如果沒有做第三期，五年後此藥證自動失效。林成龍說：「可是第三期通常是最花錢的，我們稱為『one billion business』，至少要投入六至十億元。」這個法令能讓生技業者在第二期後賺到錢，一方面可以在三期花錢投入進行試驗。

醫者仁心，但也要有產業布局、人才庫的配合，所以說，「邱議瑩委員推動《再生醫療法》是個成就。」林成龍強調，《再生醫療法》通過，能公開鼓勵人才投資細胞與基因治療，盡早培養此領域的人才，才能培養實力；只有自己實力夠強，才不怕別人挑戰。

「再生醫療雙法的通過，是台灣的里程碑（milestone）。」林成龍說，此後，台灣生技業者便能藉由新藥開發串聯產業聚落，迎頭趕上。

立足台灣，全球發展

「對生醫業者來說，他們投入再多的經費，如果法令沒有通過，他們無法上市，成本也會很高。」每一家生技廠商主攻的適應症都不一樣，有投入心肌層片的，也有腦瘤、肺癌等實體腫瘤，還有罕見疾病等，邱議瑩發現，這些老闆會投入再生醫療，常常有共通的背景，十個有八個是本人或親人生病，而他們剛好有這樣的專業、能力、金錢，可以投入再生醫療的研發。

能夠自主進行細胞與基因工程的臨床實驗，也是國力的象徵。「一個國家沒有錢、沒有人才養一個 trial（指臨床試驗），只能看國外藥廠大者恆大，例如輝瑞。」林成龍認為，有這個法令，才能以社會的力量去支持本土細胞治療的發展。

邱議瑩指出，有此先進的醫療法規，對科學家投入先進的研究會更有幫助，進一步推展醫療的發展，對病人更有利。台灣的醫療技術十分進步，對生醫業者來說，目標不只放在台灣，可以放眼全球的醫療市場，或是以台灣為基地，能夠讓國際的友人來台灣就醫。

邱議瑩表示，《再生醫療製劑條例》三讀通過後，讓病人有更多接受尖端治療的選擇，繼日本、韓國後，台灣成為亞洲第三個為再生醫療制定專法並進行管理的國家，將有助台灣接軌國際再生醫療的發展，共創多贏局面。

林世嘉認為，《再生醫療法》通過最大的意義，在於揭櫫「產業化」的可能性。過去的《特管辦法》就像手工業；《再生醫療法》協助生醫業者「產業化」，絕對可以造福更多的病人。

目前，關於再生醫療的各項技術研發如外泌體及 iPSC 等，都在如火如荼進行中，各項發展日新月異。而衛福部正加緊腳步擬定施行細則等相關子法與配套措施，邱議瑩認為，衛福部還要協助台灣的生技醫療業者加入國際市場。如果只把市場放在台灣，那眼光就太小了，政府協助研發與藥證的取得，讓國際認可，甚或讓海外病人到台灣接受治療，這樣國際市場就打開了。

邱議瑩三不五時會在搭高鐵時、走在中山北路時、走訪高雄選區時，

2024 年 6 月 4 日，再生醫療雙法三讀通過，
邱議瑩做到了對自己的期許。

遇到不認識的民眾當面感謝她推動《再生醫療法》，對她來說，得到選民的肯定與認同，就是她當立委最快樂的事了。

「我會勉勵自己，老天爺把我的命留下來，我就要多做一些什麼事情，我要盡力過好我的每一天。」想要幫助更多癌症患者這件事情，她以溫暖豐沛的情懷和劍及履及的行動，做到了。

「我自己知道我做到了，對我的從政生涯有個交待。」這是邱議瑩在連任六屆立委任內最高興的事。

第二部

請聆聽我的抗癌之歌

走過身心的幽谷

第五章

「『意外』賦予我的禮物」

「妳看，我肚子很大！」關上門，邱議瑩用手指著自己的下腹部，輕鬆中帶著些許刻意的口氣對著跟隨她多年的辦公室主任Ruby說。

「該不是懷孕了吧？」Ruby瞥了一眼邱議瑩的腹部，發現委員纖瘦的身材卻有個明顯隆起的肚子，她暗自揣想，選舉期間不大可能懷孕吧？「應該要去檢……」原想建議邱議瑩就醫檢查，還沒開口就被打斷了。

「前幾天，我已經到醫院

檢查了，只是報告還沒出來，我晚一點再問看看。」知道Ruby接下來要問什麼，邱議瑩忙不迭地回答。

十二月初的冷高壓，台北的天空籠罩在一片陰翳當中。門窗緊閉的辦公室，仍抵擋不了這股寒意，Ruby忍不住打起哆嗦。

不到兩個小時，Ruby的手機傳來訊息，一看，是邱議瑩傳來的LINE：「醫生說，是一顆十三公分大的水瘤。我得再去複診，確認是良性或惡性。」

選戰進入白熱化的關鍵時刻，這顆突如其來的巨大水瘤，猶如一枚震撼彈，襲向邱議瑩和她的家人、團隊。

那天，距離開票日僅僅不到一個月。

為了避免選情受到波及，邱議瑩和丈夫李永得決定對外封口，只告知至親家人及兩名貼身助理。就連邱議瑩立委競選辦公室的輔選團隊，也一概不知情。

選舉狼煙與致命腫瘤，同下戰帖

二〇一一年初，時任全國不分區立法委員的邱議瑩，曾思考「爭取續任不分區」，或是回到家鄉屏東參選，以彌補第六屆立委競選時因配票不當導致高票落選的遺憾。當時，民進黨黨主席蔡英文的一席話，讓邱議瑩陷入天人交戰的長考。

小英主席對她說：「民進黨需要更多像妳這種有戰鬥力的青壯派投入艱困選區，我希望妳能為民進黨在高雄市多拚一席。」面對黨主席的殷殷期盼，說不為難是騙人的。另一方面，不久前在高雄市長選戰贏得漂亮的陳菊，也是讓邱議瑩決定異地參選、挑戰高雄第一選區的關鍵角色。

陳菊市長與邱茂男同為美麗島事件受難者，兩人長達三十五年的好交情，對從小看著長大的邱議瑩更是愛護有加。邱議瑩說，菊姐曾向她與李永得多次傳達，邱議瑩從政十五年了，勉勵她能接下更大的挑戰，輔佐民進黨進一步穩固高雄市的政黨版圖。面對黨主席的期許、對黨的責任感，

蔡總統一路的鼓勵與關懷，以及黨內同志的相挺，
讓邱議瑩努力闖過難關。

邱議瑩經過審慎評估和多方徵詢後，義不容辭答應接受徵召。

在此之後，邱議瑩可說是「情定高雄、落腳美濃」了。

為全力投入這場艱困戰役，早在四、五月間就做了全身健康檢查，確保各項數據都在正常範圍內。但誰也料想不到，三年前因巧克力囊腫復發，動手術後僅剩下三分之一的右側卵巢，短短半年內竄生出一顆直徑長達十三公分的水樣腫瘤。

二〇一一年十二月初，溫暖的高雄受到東北季風影響，開始有了寒意。邱議瑩回憶，那天是大樹競選總部和阿蓮田寮後援會成立的重要日子，穿梭忙碌一整天。到了半夜，李永得突然感到陣陣暈眩、全身不斷冒冷汗，她非常擔心，趕緊將先生送到高雄醫學大學附設醫院急診。醫師建議李永得住院進行詳細檢查，歷經五天五夜做了所有該做的檢查仍找不出暈眩的原因。

當時立法院還在會期中，邱議瑩不僅要北上開會，一回到高雄更是得拚命拜票跑行程，並趕場參與大大小小的造勢活動。分身乏術的邱議瑩，

從小就被邱議瑩稱「阿姨」的陳菊市長，待她如女兒，兩人連袂跑行程。

毅然決定異地參選，邱議瑩隨即在高雄展開馬不停蹄的拜訪行程。

一心掛念著還在醫院的丈夫，只要一有空檔，便直奔高醫陪伴丈夫。邱議瑩和李永得聊天時，常開玩笑指著自己的肚子說：「老公，你看我像不像小腹婆啊？」說完就喃喃自語說著，體重直往下掉，小腹卻愈來愈大。

李永得向妻子提出建議：「我看啊，妳難得有時間到醫院，就順道做個腹部檢查吧！」就這樣，一個順道檢查，讓邱議瑩在連生病都沒有時間的選戰下半場，發現自己竟然生病了。

醫師一觸診就發現不對勁。立刻為邱議瑩安排腹部電腦斷層檢查，這麼一照，檢查出邱議瑩的下腹部有顆水樣腫瘤，直徑竟然長達十三公分，甚至已經壓迫到右側輸尿管造成右腎水腫。雖經醫師評估，這顆水瘤有百分之九十九是水，「那就是內膜異位瘤。」她的主治醫師說。

醫師擔憂的倒不是水瘤龐大的體積，而是摻雜在邊緣的些許實質結節。無論如何，必須等到開刀後、將組織冷凍切片做病理化驗，才能確認是良性或惡性的腫瘤。因此，高醫婦產部的主治醫師蔡英美主任向邱議瑩建議，必須盡快安排時間動手術。

只是順道做個腹部檢查，卻意外得知罹患腫瘤。這天是二〇一一年十二月七日。距離立委選舉投票日，倒數三十八天。

毫無心理準備的邱議瑩，聽到醫師指示必須盡快開刀，即使當時仍不知道那顆腫瘤是良性還是惡性，卻已完全打亂原本穩健的選戰步伐。

當時正是選戰最激烈的關鍵時刻，邱議瑩坦言，得知病情那一瞬間，非常不可置信。扛著選戰壓力的她，內心滿是震驚和惶恐，當天晚上一回到家，情緒立刻潰堤，抱著先生痛哭：「為什麼是我？」雖然情緒盪到谷底，她仍打起精神，當天晚上就和先生李永得前往市長官邸，親自向陳菊市長報告自己生病了，醫師建議最好能夠立刻動手術。陳菊握緊邱議瑩的手，要她以身體為重，趕快安排開刀吧！選舉的事情別擔心，大家都會幫忙。

二〇一一年五月，才做完詳細的全身健康檢查，數值一切正常，怎麼到了十二月，腹部竟然迸出一顆大水瘤？太突然了。

蔡英美醫師表示，一般來說，水瘤不太容易被察覺，即使是卵巢癌，早期也幾乎沒有明顯的疼痛症狀。被醫師診斷出卵巢藏著一顆直徑十三公分的腫瘤，體積頗大，但尚未擴散出去，可算是相當幸運。

一開始，邱議瑩發現自己的小腹鼓脹，像是肚子塞了顆保齡球，完全沒想到會是腫瘤。「我只是覺得肚子脹脹的，好像有個東西壓迫到內臟器官。原本以為是脹氣或月經來潮前的不適感。偶爾納悶自己的體重不斷往下掉、小腹卻一直隆起變大，即使刻意吸氣、縮小腹也收不起來。」邱議瑩回憶道。

子宮內膜異位症的反覆復發

高醫很快地組成醫療團隊，評估病情可能的各種變化，並研議最佳治療方式。醫師建議邱議瑩，最好能盡早開刀切除腫瘤。醫療團隊評估，這顆腫瘤成長的速度太快，且檢查出來的時候已經壓迫到內臟器官，讓它留置體內的風險成本太高。

聽到醫師的建議，一心掛念著選戰的邱議瑩，小小聲地、討價還價般地問：「可以等到選舉結束嗎？」這時，選戰已經來到倒數三十天，正是必須抓緊時間用力催票的關鍵時刻，醫師評估許可的話，她還是希望能夠等到選舉結束後再進醫院接受手術。

主治醫師臉色十分凝重，指著腹部超音波和電腦斷層的影像，仔細向邱議瑩解說腫瘤情況。醫師表示，裡頭有一些實質的結節，必須開刀取出做病理切片，才能確認結節組織的良惡屬性。由於邱議瑩的腫瘤實在太大、成長的速度太快，萬一破裂，可能引發腹部感染，處理起來棘手不說，最怕的是恐危及性命。

另一方面，考量到邱議瑩有子宮內膜異位症反覆復發的病史，加上她的右側卵巢僅剩三分之一，卻長了這麼大顆的腫瘤，強烈建議全部切除，才能有效降低未來復發的可能性。

看著新婚愛妻愁眉不展、猶豫不決，夫妻本是共同體，李永得比任何人都感到錐心不捨。但他仍打起精神告訴自己，陪伴妻子穿越生命關卡之際，他必須比平常更理性、冷靜。

年長她十六歲的李永得，除了是她的丈夫，更扮演她的益友良師。婚後，邱議瑩被閨蜜好友戲稱是「愛老公俱樂部部長」，除了情感上的相互倚賴，李永得最吸引邱議瑩的地方，是他理性內斂、遇事處變不驚的人格特質。兩人交往後，隨著時間也慢慢改變了邱議瑩急躁衝動、喜怒形於色的鮮明個性。

邱議瑩引用《韓非子．觀行》當中的「西門豹之性急，故佩韋以緩己；董安於之性緩，故佩弦以自急」，笑稱自己就像戰國時期的西門豹，個性急脾氣也急，李永得是她的貼身「熟皮」，隨時提醒她放慢腳步、規勸她行事和緩。李永得跟邱議瑩生日只差一天，個性卻南轅北轍，但他們是懂得互相欣賞、以餘補缺、以長續短的互補型伴侶。

此時，兩個人新婚不到一年，就要共同面臨生命中最嚴峻的考驗，任誰都會慌了手腳。

邱議瑩與丈夫李永得公證結婚，
攜手美滿人生。

預留一線「生」機

邱議瑩參選國大代表那年，才二十五歲。有一天，她在跑行程時，肚子突然一陣劇痛，就醫檢查後才知道自己有巧克力囊腫，也就是子宮內膜異位症。

當時的執刀醫師考量到邱議瑩還年輕而且未婚未育，採取保守治療，盡量讓卵巢予以保留。邱議瑩再三向醫師確認摘除一側卵巢並不會影響生殖功能後，當下便快刀斬亂麻，決定摘除左側卵巢。

非常喜愛小孩、渴望成家育兒的邱議瑩，從那時起嚴格奉行健康法則，加倍呵護身體健康。除了遵照醫生囑咐，每三個月定期回診追蹤，平時不菸不酒、每天早睡早起、生活作息正常不熬夜、不喝冰水也不吃生冷食物，更養成每年全身健康檢查的好習慣。

偏偏命運從不吝於作弄人。八年之後，邱議瑩和李永得因公相識、相惜，漸漸愈走愈近。甜蜜交往還不滿一年，子宮內膜異位症卻在此時復發。

二〇〇八年底，巧克力囊腫首次復發，邱議瑩告訴李永得，必須動手術處理。李永得一聽，除了心疼女友承受二度開刀之苦，看到邱議瑩維持她一貫輕鬆的口吻描述著自己的病情，更讓他感受到，邱議瑩有著不忍心別人為了自己煩惱的善良與體貼。

而她的勇敢堅忍更讓李永得大為傾慕。當時，兩個人交往的事還沒公開，家人也都不知情。李永得也只知道邱議瑩因子宮內膜異位症開刀，並不清楚太詳盡的病況。

沉浸幸福氛圍中的邱議瑩，雖然與李永得交往不久，但兩個人已打算一路扶持相伴下去。邱議瑩對於生育，當然抱持著期待。於是，在醫師允許的情況下，選擇保留部分卵巢，讓自己仍留有一線「生」機。李永得說，當年他並不清楚邱議瑩還留下三分之一的右側卵巢，直到很後來，才恍然大悟，原來邱議瑩是這麼樣地拚命，只為了留下最後的生殖功能。

當時，邱議瑩並沒有告訴李永得，她堅持留下右側三分之一卵巢，就是因為還渴盼著、把握著僅存的生育功能。在請醫師評估後，健康允許的情況下，她選擇請醫師手下留情，保留住部分卵巢，讓自己留有一線「生」機。

李永得坦承，自己不太明白，留下三分之一的右側卵巢究竟有何用意？因為在他心中只在乎「議瑩能不能永保健康」，這才是最重要的。

孰料，正是這一線「生」機，埋下了日後的未爆彈。

二〇一一年，李永得再次眼睜睜看著邱議瑩被推入手術房。那時，他已從男友升格為丈夫。李永得強調，無論是二〇〇八年的手術還是二〇一一年來勢洶洶的巨大水瘤，妻子邱議瑩「能不能永保健康，這是最重要的」。一切都交給專業醫療來處理。

「當時我關心的，是她日後能否健康？盡早切除，降低將來的復發機率。至於能不能生小孩，已經是很其次的考量。雖然，我知道這是議瑩心裡最不能接受的一點。」李永得滿是心疼地說。

李永得的身影總是陪伴在邱議瑩身邊，不管是參選立委或面對民眾時，他們的關係就如那雙總是緊牽的雙手一樣親密。

李永得總是陪伴在邱議瑩身邊，不管是參選立委或面對病魔挑戰時，總是緊牽著的雙手滿是力量。

輸了健康，贏了選舉又如何？

長期在媒體工作的李永得，在一九八七年台灣剛宣布解嚴時，就曾與報社同仁共赴中國涉險採訪。經歷過大風大浪的李永得，早已練就出處變不驚的態度，能在最急迫的時刻壓縮時間，思辨決策以顧全大局。

從醫生口中確定了妻子的病況，他認為，從病理判斷決定治療方式，是醫生的專業，他能做的，就是協助妻子做好心理建設：「先度過難關，並對未來懷抱一份希望。」他想陪伴邱議瑩一起修習這道人生課題。

李永得對妻子說：「既然已經碰到了，就別浪費時間怨天怨地！不要再去質疑，為什麼會是妳。現在，就是妳啦！確定站在這個位置，接著要發展出的軸線是如何找出方法、解決問題。」這就是李永得自己發明的「座標理論」，讓事件成為座標原點，軸線是解決難題的幾種方法，接著就是決定方向、解決問題。

座標理論解析生病困境

李永得說，他習慣在決策前不厭其煩地多方諮詢、仔細分析，接著標示出自己所處的座標點，事前縝密的判斷後，自然知道如何布局、找出策略。面對這顆來勢洶洶的腫瘤，他握緊妻子的雙手，溫柔篤定地向邱議瑩保證：「這是一條對妳來說最平坦、最順遂，也是最近的路。」

李永得用他建立的座標理論來分析選前開刀的困境與解方。他說，對自己決定的方向一旦有質疑，就是判斷不明的表現。貿然決定反而陷自身於危險之中，李永得進一步說，花太多時間詰問「如果我在那個位置多好」或是「如果我在那個地方多好」，其實於事無補。只有清楚畫出所處位置，才有利於尋找到一條意外最少而成功機率最高的路徑。

生病也是如此。他認為，面對事情都必須設想到最複雜的變數以及最壞的打算，將各種突發狀況和處遇辦法都沙盤推演過，務實作戰也有助於篤定心神。「反正最壞也不過如此嘛！」至於決定好的路徑是否能如預期般成功？他又說：「其實也不必太在意，既然已經碰到了，就盡最大的力量去處理。坦白講，最壞不過就是不敵病魔嘛，我們要連這種心理準備都做好才行。」雖說得輕鬆，但也直到妻子被推出手術房，醫師親口證實手術順利後，這時的李永得才真正如釋重負。

在醫師建議邱議瑩開刀後，李永得曾私底下和醫療團隊密切討論過好幾次，也請教過時任高雄市政府祕書長的許釗涓，許祕書長在當年七月因子宮內膜癌第三期開刀。李永得仔細分析多方諮詢的結果並評估邱議瑩的身體狀況，還有她最掛心的立委選舉，他總是知道要如何說服好強的邱議瑩。

健康是最優先的選項

這麼大顆的腫瘤，開刀完之後大致上多久可以出院？出院以後的傷口大概會是什麼樣的情況、是否能夠運動、能夠移動到什麼樣的程度等等，都是李永得思考的方向。

「我必須能夠掌握，手術後住院一個星期，出院後是否能夠坐在輪椅上輕微地移動。若能掌握出院後的各種可能狀況，假設醫師同意邱議瑩坐在輪椅上移動，在不過度勞累的情況下，安排一場公開露面行程，就能讓選情衝擊降到最低。」李永得不諱言，當時也有些不實傳言出現。對手對外散播邱議瑩得了絕症，謠言讓倔強好勝的邱議瑩更加抗拒在這個時候開刀，她想用自己的強韌放手一搏，拚到投票日一決勝負，她才能放心入院治療。

再者，開刀後若是確認那些結節是惡性組織，就必須接受化療。「我必須確切知道，從開刀切除腫瘤到接受化療，可以容許的間隔時間是多久。若沒有在那個安全期限內進行化療，可能帶來什麼樣的健康風險。我一定要確保議瑩的身體健康無虞！」那時，醫療團隊告訴他，若病理化驗結果是惡性腫瘤，開刀後到第一次化療最好不要超過一個月。

李永得沒說出口的擔憂，是邱議瑩在半年前做的全身健康檢查結果，

二〇一一年底，邱議瑩與李永得全心投入馬不停蹄的拜票行程，
走訪高雄市廣闊的第一選區，翻山越嶺地勤奮服務選民，樂在工作。
無情的病魔卻也在此時步步靠近。

並沒有這顆腫瘤的存在，才短短幾個月卻冒出這麼巨大的水樣腫瘤。他更大膽推斷，「這顆腫瘤成長速度很快，不排除可能是腫瘤體積成長的最大極限了！」他無法承受愛妻的身體懷著「不定時炸彈」，因為滿載的選舉行程加上愈到後期愈是高壓的選戰，只會讓邱議瑩的身體更吃不消。萬一腫瘤爆裂，所引起的併發症恐將讓治療變得更加困難。

「這份賭注的代價太高，我賭不起。」李永得露出他難得一見的情緒，有些激動地說著。

決定立刻切除腫瘤

回到病榻前，李永得放柔語調，態度平緩而堅定，花了很多時間跟邱議瑩耐心溝通。深知妻子最捨不得家人為她擔憂，更找來岳父母和弟弟合力說服邱議瑩接受開刀。

「如果沒有了健康，選上又如何呢？」李永得對邱議瑩說了重話。

李永得搬出他的座標理論，對著邱議瑩「上課」。娓娓分析他對「健康」和「選舉」的風險評估，「當選了，妳的健康卻惡化，能繼續為選民服務嗎？」李永得語重心長、近乎哀求地勸妻子：「立刻切除才是明智之舉。」

那個在國會殿堂無畏無懼，總是衝在前頭擋下不公不義的「嗆辣立委」邱議瑩，這時候卻只是一名丈夫的新婚妻子、一對父母的寶貝女兒，而她向來無法忍受家人委屈難過。

「或許只是一般例行的切除手術吧！」已經有兩度切除巧克力囊腫的手術經驗，天性樂觀的邱議瑩，擦乾眼淚後，沒被沮喪的情緒困擾太久，她決定這麼告訴自己。於是，隔日便立刻返回醫院敲定，在最短時間內動刀切除腫瘤。

「我覺得她非常勇敢。」李永得一再重複，他最欣賞妻子的勇敢。

這場病，加深了邱議瑩對李永得的依賴。而對李永得來說，何嘗不是如此呢？

度秒如年的手術時間

醫院牆上的時鐘緩慢而規律，蝸步前進，冷凝的空氣彷彿就要凍住時間。看著時針走了一圈又一圈，對焦急等待的家屬來說，連一分鐘都像過了一世紀，好久好久。

手術室外，直瞪著手術燈，絲毫不敢放鬆神經的家屬彼此圍坐著，他們是分別從屏東九如、高雄美濃趕來的邱茂男夫婦、李永得年邁的雙親，還有邱議瑩的好友周玲妏及貼身助理雅文等人。

在場的人彼此沉默不語，都在等待燦亮的手術燈熄滅、電動門開啟的一剎那。

剛開始，李永得還能輕鬆逗笑，希望眉頭深鎖的岳父母能放寬心。隨著等待的時間比預估時間超出一個小時、兩個小時……李永得再也擠不出笑容，不時盯著手錶難掩焦急。「副市長平常比較嚴肅，從未看過他如此焦躁不安，後來乾脆起身，只見他不停來回踱步、不時搓揉雙手。」助理雅文回憶道。

手術燈暈出森冷的藍光，映照著所有人愈來愈不安騷動的情緒。是醫院空調太冷嗎？每個人僵硬凝重的臉色讓手術室外，感覺更冷了。

成功完成手術

手錶和手機上的時間彷彿都停止了運轉，偶爾抬起頭，望向電視螢幕那一行「患者　邱○瑩　手術中」的顯示，然後低頭繼續等待著。沒有人敢離開座位去洗手間或是用餐，就怕錯過第一時間聽到醫師從手術室走出來宣判的開刀結果。

醫療團隊原先預估手術時間大約四個小時，不停看著手錶的李永得發現，手術整整進行了七、八個小時。「手術時間比原本預期的又更長一些，醫生說，這算是大手術，麻藥也下得比較重一點，所以手術結束之後待在

邱議瑩的主治醫師蔡英美主任。

恢復室的時間需要比較長的時間，讓她的意識慢慢恢復。」李永得說。

執刀醫師蔡英美主任終於從手術房出來，對家屬說明整個開刀過程。她說，由於邱議瑩多年前就因為子宮內膜異位症動過兩次手術，沾黏的情況比一般患者來得複雜，必須全面廓清那些沾黏，包括整個內部、淋巴、網膜等等，手術比較全面。加上切除腫瘤後必須進行冷凍切片等待病理結果，手術時間自然比預期的時間來得更長。

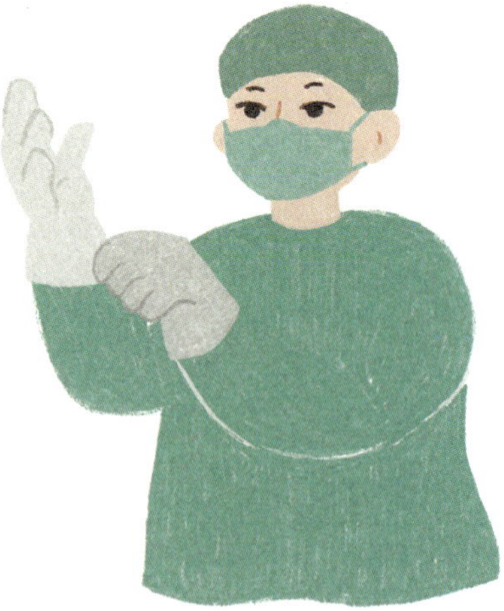

所幸，整個手術過程相當順利。手術結束後，在開刀房內就將邱議瑩

的呼吸器拔除，一一確認她的身體狀況穩定，心跳、血壓、排尿都很正常，意識也十分清楚，才出來向家屬宣布這場手術是成功的。

第一個警報總算解除。

判定罹患卵巢癌

然而，冷凍切片的病理顯示，那些結節組織是惡性，「進行惡性分期的手術也比一般手術的範圍來得大。」

執刀醫師的宣判，一則以憂、一則以喜。

憂的是，邱議瑩確定罹患卵巢癌，為了保險起見，醫師建議必須將她的子宮、卵巢一併切除。喜的是，「卵巢癌雖然滿可怕的，它的致命率高，但不容易早期診斷。通常發現時都是第三期了，這是致命率高的原因。」但醫師表示，邱議瑩及早發現，癌細胞還沒擴散出去，動完手術後再以化學治療輔助清除癌細胞，五年存活率至少有七到九成。

當高醫的醫療團隊向家屬確認是惡性腫瘤時，場外的眾人都不知道該怎麼告訴邱議瑩這個晴天霹靂的壞消息。

貼身助理薛雅文哭得說不出話來，遲遲不敢踏入病房向老闆稟報病情，撥了電話給人在台北的辦公室主任 Ruby。「我們最擔心的，是誰要去跟她說這件事？」Ruby 回憶說道。

擦乾眼淚、強顏歡笑卻掩飾不了哭腫的雙眼，雅文不得已硬著頭皮推開房門……

「妳是在哭什麼啦？」邱議瑩笑著問祕書。

「呃……我……」雅文欲言又止，止不住的眼淚再度迸出。

「我知道結果，妳不要這麼難過了。」邱議瑩一貫豪爽的語氣，反而回過頭安慰助理，試圖想要化解病房裡的悲傷氣氛。

原來，李永得早在妻子麻醉藥退了之後，醒來的第一時間，就讓她知道病理化驗的結果。

坐在病床旁，握著愛妻的手，李永得在邱議瑩的耳畔輕輕低語：「醫生說，好像是不好的東西，但是妳放心，醫生都已經幫妳清理乾淨了。」當時，麻醉藥正在消退的邱議瑩躺在病床上，全身虛弱無力，「我的腦子裡，記得他曾經跟我說過這樣一段話。」邱議瑩後來回憶，當時她剛甦醒，意識仍相當模糊，並未意識到丈夫說的「清理乾淨了」，指的是腫瘤、子宮及卵巢的一併清除。

等到麻醉藥真正消退，完全醒來時，邱議瑩才意會過來，這不只是摘除水樣腫瘤，更不只是廓清腫瘤中的癌化細胞，而是把她腹腔裡的腫瘤、子宮和卵巢通通拿掉，杜絕了往後復發的惡夢，卻也斷絕了邱議瑩生育的一絲希望。

但無論如何，「能夠健康活下來」，才是最重要的事。

主治醫師蔡英美主任
談子宮內膜異位症

議瑩相當尊重我們的醫療專業，對於子宮內膜異位症、沒有生過小孩的病人，最好要保守行醫，找有保留概念的醫生去做，保留子宮的生育能力。但如果是卵巢癌，通常我對病人的術前溝通是，把腫瘤切除後會拿去做冷凍切片，冷凍切片的結果如果是良性，我會保留部分卵巢，以維持生育功能；如果是惡性的，為了救命，我會建議進行廓清手術，將卵巢全部摘除，以清理乾淨為主。

以議瑩的例子來說，她是卵巢癌一期下（1C），加上之前子宮內膜異位症的病史，我當時建議她全部清除，所以她算是開大刀。畢竟癌症有時候不論是第幾期，即使是第一期，只要一個小細胞不小心跑出去，擴散出去就會很麻煩。

「子宮內膜異位症」是常見的婦科疾病，子宮內膜腺體沒有好好待在子宮內，長到別的地方，就是子宮內膜異位。

子宮內膜異位症發生的機轉是，子宮內膜跟著月經逆流到肚子裡，卻掉到體內其他地方。當子宮內膜腺體長到卵巢上，形成腫瘤狀的組織，月經來潮時，腫瘤內的子宮內膜也會剝落出血，經血卻流不出來。如此反覆積在裡面，久而久之形成深褐色、濃稠狀的物質，所以又稱為「巧克力囊腫」。

醫師會依患者的年紀及婚育情形，進行多方面評估。年紀若在四十五歲以上、快要停經且只有單邊有囊腫，就考慮切除單邊的卵巢，讓另一邊卵巢仍可維持正常功能，也不用額外補充女性荷爾蒙。

蔡英美主任補充，並不建議只切除囊腫，是為防止復發的可能性。若患者才三十幾歲，通常會盡量保留兩邊的卵巢功能，只切除囊腫，保留卵巢。除非是反覆復發的患者，才會建議她摘除器官。

一般來說，子宮內膜異位症（俗稱「巧克力囊腫」）跟卵巢癌有比較大的相關性。

卵巢癌滿可怕的，不容易早期診斷，致命性又高，通常發現時往往已經第三期了。不過卵巢癌的發生率不高，一般小於一千分之一，根據美國曾發表的統計數字，發生率大約是兩千五百分之一，但如果有子宮內膜異位症患者，得到卵巢癌的機率會比一般人高出三倍至十倍之多。

子宮內膜異位症不容易早期發現，不像子宮頸癌可以透過子宮頸抹片檢查，在原位癌時就偵測出來。卵巢癌沒有很早期診斷的方法，也沒有原位癌的觀念，因此子宮內膜異位就可當成指標。

近年來研究發現，子宮內膜異位症不僅僅會增加卵巢癌的發生，也可能會增加罹患乳癌、內膜癌或其他免疫相關疾病的機率。

我認為議瑩最有可能是子宮內膜異位症癌化，變成卵巢癌。

子宮內膜異位症為什麼會癌化？

在不孕的女性中其實很多有子宮內膜異位症，大概占二五％至三五％。如果在一般生殖年紀，則約五％至一〇％女性會有子宮內膜異位症。

子宮內膜異位症最常見的症狀就是會痛，痛經、不孕或者性生活疼痛。它癌化的理論就是腹腔裡面在發炎，有氧化壓力、經血逆流。經血逆流裡面的經血或是內膜細胞都塞在裡

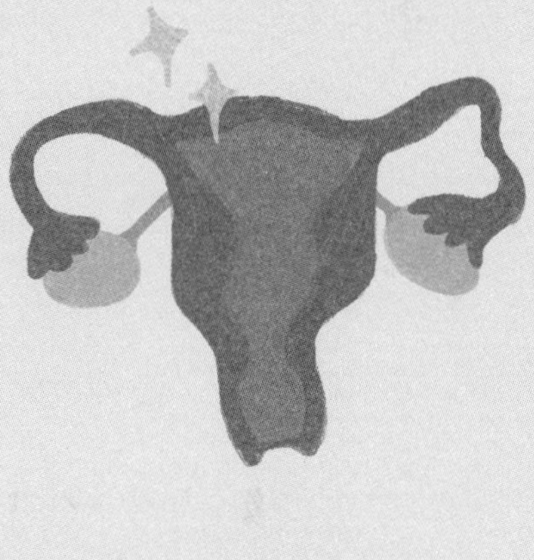

頭，血液裡面有鐵，鐵就會造成組織跟細胞的氧化壓力增加，導致一些基因的變化。也就是說，因為發炎、基因變化，造成細胞亂長，最後變成癌化。

通常卵巢癌開刀後大約會住院七天，等確定的病理報告出來，如果是惡性腫瘤，病人做一次化療之後才能出院。出院三個星期後再回來繼續接下來的化療療程，總共要做六次化療。化療期程，一個療程包含六次化療，每三個星期進行一次。日後務必持續追蹤檢查，檢查包括抽血、內診和影像檢查，而影像檢查又包含超音波、電腦斷層及正子攝影檢查。

醫院方面，會要求癌症患者定期檢查。兩年內，每隔二至四個月追蹤檢查一次；第三至五年，每隔三至六個月追蹤檢查一次，目的在避免復發。我想再強調，第一期卵巢癌的五年存活率平均可達七至九成，能夠早期發現即可爭取最佳的治療效果。

議瑩因為有選舉的考量，她十二月十七日開刀，住院十天，選後第三天（一月十六日）才回來做第一次化療。她算是很有毅力的病人。

第六章

「我雀屏中選了！」

術後，邱議瑩從手術室被推往恢復室，等待麻醉藥退去。

「哦，這樣。」昏昏沉沉中，依稀聽見老公告知她罹癌的消息，邱議瑩點點頭。

待麻藥真正散去，邱議瑩甦醒過來的時候，已經是隔天了。她沒有再問過丈夫關於自己的病情，「我的腦子裡，依稀記得他有跟我說過。」

術後留在醫院的十天靜養期，時間過得特別漫長，邱議瑩不免又反覆冒出問號：「為什麼是我？」百思不解，自己的身體怎麼會突然冒出這麼一大顆腫瘤。

許許多多的問號外，更多的是不甘心。

「癌症為什麼找上我？」

平日裡總是給人開朗、樂觀、強勢的印象，然而在癌症的陰影下，邱議瑩第一次感覺到自己在縮小，不再是身體的主宰者。「我不能想像自己會這麼接近死亡，而且還是在我才新婚八個月、正覺得自己年輕有衝勁時，癌症卻找上我！」長久以來注意養生，卻遭受意外罹癌的打擊，與其說是害怕死亡，更讓她大為不安的，是那種無可預期的失落和恐懼。

邱議瑩很喜歡的一首閩南語歌曲《家後》，這麼唱道：「等待返去的時陣若到，我會讓你先走，因為我會嘸甘，放你為我目屎流。」她在心裡憤憤不平地吶喊著，才新婚不到一年，等了這麼久，好不容易找到彼此契合、這麼好的丈夫，怎麼能在這時候失去希望？

「我沒有答案，也不需要有答案。因為我要活下去！就像，小孩子總是很好奇地想要直視太陽，不管會不會灼傷眼睛。當時，我的好勝心也有點像是那樣的心情，我只想著要直視我的癌症。我要接受治療，我一定要想辦法繼續我的生命，完成更多還沒完成的事。」邱議瑩回憶那段被病魔折磨的日子，眼裡閃耀著希望的光芒。

手術後的第三天，邱議瑩不再執著於「為什麼是我？」不服輸的她被一股求生的意志召喚回來，她決定勇敢站起來，「面對癌症，我就用直球對決！」

聽說，人體細胞喜歡愉悅，邱議瑩摸摸自己的頭髮，笑著說：「這幾年把自己逼得太緊，這麼不留餘地的人生，身體的細胞在抗議了，我要好好彌補才行！」這一回合，邱議瑩除了強悍，更要以微笑來回應癌症要她補交的健康作業：找時間休息、放輕鬆、保持愉悅，讓操勞過度的身體機能慢慢調養回來。

「很多牛角尖，只是少了一道出口，想通了就通了。」邱議瑩說，就

忍著不適進行拜票行程，
邱議瑩努力把笑容與溫暖的力量傳遞出去。

像每一次面對挫折，她總是先建立好信心，充實足夠的資訊，整理好心情，準備迎戰。

邱議瑩聽到自己罹癌時，反應跟大多數病友差不多，一時不免震驚、恐慌和不安，偶爾她望著慘白的病房牆壁也會木然失神。

「為什麼是我？」

她剛開始也無法釋懷，自己不菸不酒、早睡早起、樂觀正向，家族沒有癌症病史，為何癌症找上她？為什麼病痛要剝奪她僅剩的三分之一顆卵巢？

直面1%的機率挑戰

醫院是裝載病痛的空間，對健康的人來說，更是堅定不可動搖地確認自己保持在健康、無病、不會生病的狀態。我們常假裝那些發生在他人身上的事，不可能發生在自己身上。得知罹癌對邱議瑩而言，就像是發生在他人身上的事，有一種不真實的存在感。

「無法想像自己會如此接近死亡，如此猝不及防！」事過境遷，回憶起當年知道自己罹患卵巢癌時，從不可置信到接受事實。也許她身上烙著美麗島事件的印記，被迫瞬間長大的邱議瑩，個性加上環境的影響，造就了她強悍、骨子裡不服輸的性格。這也讓面對癌症的邱議瑩，很快走出低盪的幽谷。

面對考驗或打擊，就把它視為意外；每一次的意外，她都不怯戰，因為已做好迎戰的準備。

坦然接受「罹癌」

一個多星期後，邱議瑩盼到了可以出院的日子，主治醫師當面向她確認惡性腫瘤的病理報告正式出爐。

「喔，那……嚴重嗎？」邱議瑩神色自若，相當鎮定。

「妳怎麼好像一點都不驚訝？」主治醫師納悶，不太像一般人乍聽噩耗時的反應。

「喔，其實我老公已經跟我講了。」邱議瑩一派輕鬆模樣。

接著，李永得跟醫療團隊討論化療期程。

一開始，邱議瑩頗為不解，問丈夫：「不是都清乾淨了嗎？為什麼還要做化療？」

「醫生說這樣比較保險，避免有不好的細胞停留在體內。」李永得委婉解釋。

「喔，那什麼時候做？」邱議瑩再問。

「我跟醫療團隊評估的結果，開完票之後第三天開始做化療。」李永得胸有成竹。

邱議瑩點點頭，沒有明顯的情緒起伏。當時，她沒想到日後的化療竟如此辛苦。

「就這樣，我接受了癌症這件事欸！有時候我在某個程度上，神經算滿大條的。」邱議瑩一陣大笑。

當她明確知道自己罹患的是卵巢癌，她問先生：「第幾期了？」先生回答「第一期」，邱議瑩一聽，心裡竟然想著：「喔！幸好，應該沒什麼大問題。」這時，她放下心中隱隱然的恐慌不安。

「議瑩非常勇敢，她真的是個無可救藥的樂觀主義者。」回憶起妻子鬆了一口氣的神情，李永得忍不住搖頭苦笑。

從二十五歲至今，邱議瑩經歷三次手術，從子宮內膜異位症到卵巢癌，一次又一次挺過開大刀的折騰。新婚不到八個月，就得面對摘除卵巢、子宮，終生無法生育的殘酷打擊。

面對、接受、再面對、再接受……她面對疾病的態度，坦然而堅強。

原本，手術後預估住院一週，但前來探病的訪客絡繹不絕，可能沒做好消毒安全，導致細菌感染，邱議瑩突然發燒，只好延後三天出院。主治醫師原本建議邱議瑩，手術後第十天先接受第一次化療再出院，但她實在放心不下選舉，經醫療團隊同意後，將化療期程延至選後第三天再開始。

「我們都是邱議瑩」

當邱議瑩入院開刀時，競選對手竟拿她的健康大作文章，放出她「得絕症」的不實謠言。雖然邱陣營的民調一路領先，對這種惡意不實的攻擊仍不堪其擾。

時任高雄市副市長的李永得「夫代妻職」向市政府請假輔選，同黨立委蕭美琴、鄭麗君、謝欣霓，以及高雄市議員周玲妏等政壇上的好朋友，更是挺身而出，自願當邱議瑩的分身，各自排開行程到她的選區，挨家挨戶幫忙拜票。

邱議瑩動完手術後兩天，這些好朋友共同召開記者會挺身而出發表：「我們都是邱議瑩」，公開表達力挺邱議瑩，以行動來證明她們患難中的真情。周玲妏說，她們化身為邱議瑩的分身、邱議瑩的雙手，就是要跑遍高雄市第一選區的每一個角落。

邱議瑩、蕭美琴和鄭麗君這三位政壇好姊妹，不僅感情深篤，也常被

鄭麗君代替好友走訪鄉親。

謝欣霓為好朋友拜票走基層。

蕭美琴南下為好姊妹掃街助選。

民眾誤認。蕭美琴和鄭麗君都表示，好姊妹在選舉最後階段生病，她們感到很不捨。尤其邱議瑩當時投入的是民進黨最艱困的選區之一，為了讓她能夠安心靜養，邱議瑩的政壇知己義不容辭，紛紛調整行程，代表邱議瑩出席活動、掃街拜票，讓她無後顧之憂地遵從醫囑、專心養病。

由於邱議瑩人還在住院，無法親自到選舉委員會參加立委選舉的號次抽籤。當天，由李永得領軍，邱議瑩的政壇好友蕭美琴、謝欣霓、周玲妏、翁瑞珠等人，一齊到場，由蕭美琴代表抽籤。當蕭美琴抽中一號時，現場支持者歡聲雷動，為這場選舉增添好彩頭。

「我真的很感謝她們。」邱議瑩坦言，選前曾擔心自己開刀住院、對手散播謠言會影響到選舉結果。所幸，有這群肝膽相照、情義相挺的好姊妹，不辭路遙南下為她賣力拉票。能打贏這場選舉，除了好友和老公，競選團隊及屏東親友團，每一位都是這場關鍵戰役的重要推手！

邱議瑩眼眶泛紅，多年後對這份恩情仍感動不已。

政壇三姊妹，不論時地，常相聚首。

抱病出席造勢晚會

回憶那時，坊間耳語不斷，有人質疑邱議瑩神隱，是不是病情不樂觀？有人擔心邱議瑩即使選上，是否有體力服務？為了讓選民放心，更為了讓流言不攻自破，邱議瑩決定公開站出來，接受大家的檢視。

十二月二十六日晚間舉辦的「公平正義撲滿台灣——幸福好好」聯合造勢晚會，總統與副總統候選人蔡英文與蘇嘉全、前行政院長蘇貞昌、高雄市長陳菊等民進黨天王齊聚一堂，就是來為術後首次曝光的邱議瑩齊做最後的衝刺。邱議瑩向醫院請假數小時，聽從醫囑戴上保暖的針織帽和防寒大衣，戴著口罩避免被細菌感染。

當晚，高雄的氣溫降到十六．六度，卻絲毫沒有減低支持者的熱情，旗山體育館一下子湧進兩萬多名熱情民眾。台下萬頭鑽動，坐在輪椅上的邱議瑩被李永得推著緩緩出現在舞台上。那一刻，台下「邱議瑩凍蒜！」、「邱議瑩加油！」聲浪此起彼落。這時，顧不得開刀傷口隱隱作痛的她，

陳菊市長緊抱著術後出席造勢晚會的邱議瑩，
給予堅定又溫暖的支持力量。

好姊妹蕭美琴現身造勢晚會為邱議瑩打氣。

蔡英文為邱議瑩術後首度造勢大會加油打氣；
前行政院長蘇貞昌與邱議瑩家人合影（右下）。

艱難地在丈夫攙扶下，努力起身走向舞台中央。從小就特別疼愛邱議瑩的菊姊趕緊走向她，以厚實溫暖的雙手緊緊擁抱住術後第八天的邱議瑩。

競選音樂響起，邱議瑩看著台下支持者滿滿的鼓勵，陳菊市長一句「議瑩加油」，讓邱議瑩早已盈眶的淚水不斷滑落。她努力記住台下每一張臉孔，抬起右手用力揮舞，要讓支持者放心投下這一票。

邱議瑩緩緩從輪椅上站起來：「對不起，讓大家擔心了，我回來了！」現場湧起一陣澎湃掌聲。邱議瑩噙著眼淚，不疾不徐地回應對手的不實指控：「我愛我們大高雄所有的好朋友，所以我決定，不管多麼地困難，我都會很堅強。因為，我知道你們也愛我，因為愛，我們要一起打贏這場

選戰。」才剛說完，現場民眾再次回以更熱烈的掌聲。身旁緊牽邱議瑩的李永得，也因為忍著許久的情緒，鼻頭微微泛紅，緊抿著嘴角。

聚光燈轉向舞台下的支持者，邱議瑩這才發現，不分男女老少，有些人猛低頭擦淚、有些人賣力吶喊，更有些人不顧滿臉淚痕，全都使勁為她鼓掌。這場以「幸福好好」為名的造勢晚會，卻是邱議瑩近一個月來，以病痛換來的真實感受。這場病，讓她感受到選戰不只有煙硝味，也看到她的家人、朋友、支持者，認識的、不認識的，都毫無保留地為她奔走，「因為愛，我們每一個人有更大的勇氣跟動力去做每一件值得的事。也因為大家對我的疼惜，我今天才能這麼勇敢、堅強地站在這裡鄭重向大家道謝。」

整場晚會，邱議瑩的發言不斷出現「愛」這個字彙，是因為她深深感受到，有這麼多人在等著她健康回到工作崗位，為選民解決困難，為鄉親爭取福利，她，絕對不能讓大家失望。

即使病中，愛漂亮的邱議瑩仍不忘好好打扮自己，出現在鎂光燈前亮麗如昔。聲音洪亮的邱議瑩，怎樣也看不出她當時是握緊拳頭強忍著疼痛。

她表示，劃在腹部的傷口長達十四公分，即使只是輕微震動，剛縫合不久的傷口就會襲來一陣陣撕裂痛楚。面對現場兩萬多名熱情支持者以行動展現他們的相挺，邱議瑩顧不得疼痛，感動又感激的笑容始終沒停過。

「其實，原本醫院方面不肯准假，委員因傷口受到感染而發高燒。她請求醫院讓她外出數個小時就好，醫院後來要求她帶著點滴、戴上口罩，並且務必做好保暖。」雅文回憶當時的過程。邱議瑩在醫院上點滴後，先返回美濃，再前往造勢會場，上場前才拔掉點滴管。「一結束演說，我們聽從醫師的叮嚀，直接載她回到醫院。」

李永得表示，對手為了選舉，不惜信口散播邱議瑩的水樣腫瘤是絕症，這對子宮內膜異位症患者是很大的傷害跟詛咒。夫妻倆都希望，藉由邱議瑩的公開露面讓大家知道，不論是良性腫瘤或是惡性的癌化，在醫學科技如此發達的現今，已經不是絕症了。邱議瑩強調，導正醫學常識、傳播正向看待疾病，也是公眾人物的社會責任。

那年，民進黨在高雄市的大選結果表現亮眼，總統選舉贏藍營十五萬票，立委選舉結果更是一舉攻下七席，第一選區的邱議瑩則以一萬四千多票的差距擊敗連任四屆的國民黨籍對手。

選後開始化療

二〇一二年一月十四日，邱議瑩當選第八屆立法委員，但她沒辦法像其他當選人一樣連日歡慶。選後第三天，遵照預定計畫，她回到醫院開始化療。

當時，外界還以為她只是切除水瘤，除了丈夫、兩名貼身助理及一兩位好友，沒有任何人知道邱議瑩罹患的是卵巢癌。正因為如此，地方人士傳出不滿，認為她僅安排一天半的時間謝票，太過倉促。

第一選區幅員遼闊，照往年謝票行程規畫，至少需要整整三天。

邱議瑩吞下流言蜚語，「其實沒有打算要特別說，時間很短，根本沒有時間去講這件事，也怕大家擔心。選前沒有透露我得癌症，大家只知道我去開刀，而且我公公婆婆高齡八十多歲了，怕老人家擔心，所以直到最後一刻才對外講。」堅持不讓私事影響大家，就怕愛護邱議瑩的支持者為她擔心。

但是，考慮到化療的療程開始之後，身體的免疫力會大幅下降，「醫生要我避免去公共場合，也需要全天戴上口罩，這樣一來，很多活動我無法參加，不可能不對外說明。於是，我先向立法院請了長假，另一方面，為了讓選民知道，就算我正在治療，邱議瑩團隊的服務並不會中斷。所以我直到做第二次化療才在臉書公告，但我並不想讓自己的生病占據太多媒體版面，也只是淡淡地說發現了不好的細胞，需要做輔助性的治療。」

這時的邱議瑩，不只是一個剛剛當選就任的立法委員，更是一個面臨身心煎熬、需要高度強健的心理素質支撐她勇敢對抗病魔的癌症患者，「而且我也需要做心理準備，可能沒有頭髮，要面對大家的眼光等等。我也沒有勇氣開記者會告訴大家。選前，只有雅文、我先生和我家人以及少數好友知道，連我公公婆婆也不知道。」堅持不讓私事影響大家，種種面向都

即使選區遼闊，邱議瑩也即將接受化療，她與丈夫李永得仍盡力跑完大部分選區，向支持者及助選團隊一一謝票！

需要縝密考量，邱議瑩不捨親友及支持者為她擔心。

把握入院化療的日子前夕，她充分利用時間跑遍所有選區一一謝票。剩下半天，她回到美濃服務處向賣力輔選的全體同仁表達感謝，並交代隔天開始就要正式啟動化療，請同仁多加擔待期間的選民服務及活動行程。邱議瑩話還沒說完，全部員工都傻住，接著哭成一團，還得要邱議瑩反過來「虧」助理群。

將工作逐一交代完畢的隔天，邱議瑩赴醫院報到，正式接受化療。

走過化療難關

「說實在的，她從不在我們面前落淚，沒話說的堅強和樂觀，就算再怎麼不舒服，也只是閉著眼睛靜靜休息。」跟著邱議瑩十多年的國會辦公室主任 Ruby 表示。

其實，只要翻閱邱議瑩的臉書日記就能發現，她在化療期間的發文幾乎是報喜不報憂。每一次的化療她都會大聲為自己喊「加油！」，輕輕帶過化療後的強烈不適，以「今天早晨起床，泡了杯奶茶，自己弄了三明治，坐在陽台吹風，呼吸著清新的空氣」這樣的文字，以度假般的心情，向她的支持者報平安。此外，也常分享她在醫院跟護理師成為好友後，護理師特地為她料理的愛心焗烤，或是立法委員葉宜津、蕭美琴等國會好友一起南下陪她聊天解悶的日常，讓她直呼自己好幸福。她讓自己的生活回到正常軌道，她認為，讓自己注重日常起居，不把自己當成時時需要依賴的病人，對於治療效果是有正面幫助的。

在國會發聲從不落人後的邱議瑩，即使在南部化療休養，仍可以看到她密切關注國家大事及立法院動態。偶爾她也會對於自己無法在工作崗位付出心力而有未甘，二〇一二年三月，國民黨榮譽主席吳伯雄訪問中國時，提出「一國兩區」的主張引起全國譁然，更讓她直呼：「我這個傷兵，只得持續在場邊養傷！真是期待早日傷癒復出。」六月剛結束化療期程不久，邱議瑩就為了阻擋瘦肉精美牛開放進口，回到立法院與同黨同仁並肩作戰。

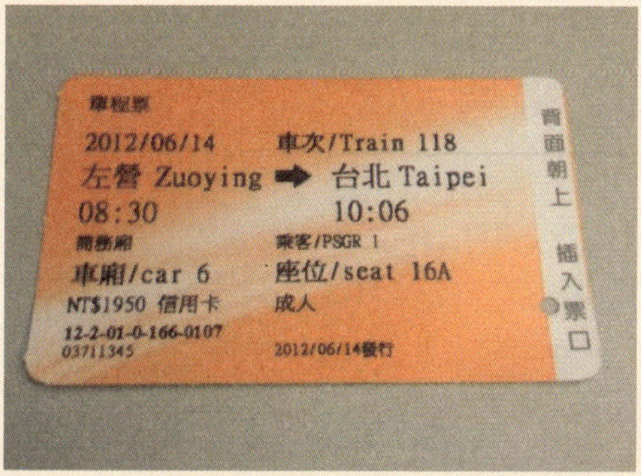

北上力阻美牛進口的高鐵票。

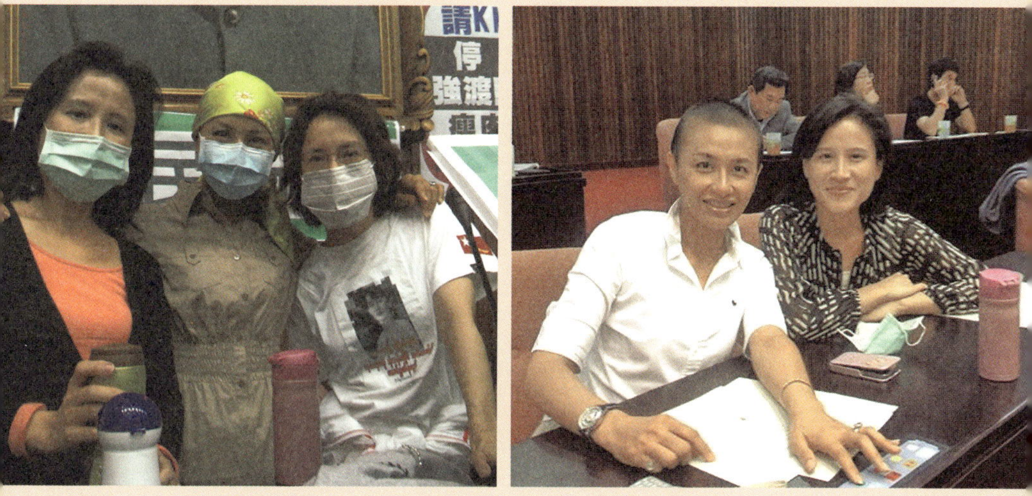

邱議瑩現身立法院議場，力阻瘦肉精美牛進口。

「她從來沒有在我面前軟弱過。」薛雅文語氣平靜地說。薛雅文是邱議瑩的隨行助理，也是她在長達半年共六次的化療期程中，最仰賴的照顧者之一。不論在醫院或居家，每天形影不離陪伴著邱議瑩。

邱議瑩每三個星期需住院接受一次化療，每次住院三天。她坦言，從知道長腫瘤到開刀發現癌化現象，「整個過程其實我是很自然地接受了，但是，等到我真的去做化療，內心的……那個起伏就開始出現了。」

首先，她採取與其他人不太一樣的決定，不裝人工血管。

一般來說，醫師會在進行化療之前，考量到每次療程都需要尋找血管，而化療藥物有劇毒，若不慎漏針往往會造成患者皮膚灼傷潰爛，通常會建議動刀埋入人工血管。對此，邱議瑩描述自己採取逐次施打周邊血管的方式，「就直接打，雙手輪流打，直接把化療藥物打入血管內。」邱議瑩笑著伸出手臂說，她當時施打化療針劑打到血管全都變黑。

施打一次化療藥劑的時間約莫七至八小時，她就待在病床上等待著化療藥物慢慢滴進她的身體。

邱議瑩坦言「第一次打的時候我很緊張」，幸好有位女性長輩前來陪她，並分享親姊同為卵巢癌友的化療經驗，讓邱議瑩對無從想像起的化療有更具體的認識，也讓她忐忑的心安定不少。

「人生就是需要一次又一次的磨練，闖過了一關馬上又有另外一關在眼前，訓練自己成為一個勇於面對挑戰的人！」一月十六日，邱議瑩在臉書預告，自己將接受另一個訓練關卡。

第一次化療的真實感受

第一次打化療時，即使事前做了諸多準備，仍無法平撫緊張不安的心，「那個藥一開始打下去時，頭立刻感到昏昏沉沉，不久就慢慢地沉睡。」第一次施打化療藥物的緊張感，邱議瑩至今仍記憶猶新，幸好當下並沒有特別感覺難受。

邱議瑩進一步說，現在有許多癌友或癌友照顧者等支持團體，透過參加團體，可以讓癌友或他們的主要照顧者知道自己並不是唯一遇到困難的人，照顧者也可透過分享各種不同的照護經驗，來增加自己的知識和信心。邱議瑩自己在化療期間也獲得許多不吝分享及自願陪伴她的支持系統，對增強她抗癌的信心有很大的幫助。

難受的副作用在滴完化療藥劑後的第二天開始，她回憶當時全身骨頭痠痛不已，伴隨著皮膚乾癢、腳軟無力、不停抽筋。感覺很像發燒重感冒的症狀，持續大約一至兩天，直到第四天之後，那些症狀才慢慢消失。

「打完第一次化療之後，我覺得……欸，好像也還好。」先前只能從癌友及其家屬對化療副作用的形容中想像，但抽象想像總不比實際經驗。從感受到接受，邱議瑩很快地記下這些痛苦卻必經的過程，也因為有了具體經驗，她的心理建構了接收疼痛的機制，反而能幫助自己坦然接受後續的五次化療。

第四天後，邱議瑩慢慢恢復精神，又回到生龍活虎、神采奕奕的模樣。除了出門必戴口罩避免感染，大多數的時候，她甚至不覺得自己是一名正接受化療的癌症患者。

化療副作用的衝擊

蔡英美醫師分析，過去邱議瑩長年保持健康規律的生活，可能也讓她擁有較健康的體質對抗藥性強烈的癌症藥物；另一方面，堅韌樂觀的性格也可能讓她對任何環境變動都具有絕佳的適應力。或許，這也讓她對癌藥副作用的承受度比一般人還高。

聽起來，邱議瑩是多麼幸運啊！於是，樂天知足的她一度以為，傳說中令人害怕的化療副作用——掉髮，不會找上她。

好景不常，第一次化療結束後的一週，邱議瑩開始覺得手麻，像有成

千上萬隻螞蟻占據她的雙手拚命啃食囓咬！不只如此，隨著第二次、第三次化療，她手部的知覺慢慢被腐蝕，動作愈來愈不靈活，四肢逐漸喪失知覺，醫生叮嚀她千萬不能開車或使用刀具，以免發生意外。

邱議瑩將治癌療程當作學期考試，每一次副作用都是課堂小考，只要考完這些大大小小的學習測驗，她就會完全恢復健康，從醫院畢業。每接受一次化療，她都會自我勉勵：「又往前邁進了一步！」也會以正面表列的方式鼓舞自己：「做了兩次，我就會開心地告訴自己完成了三分之一；做了三次，我會很雀躍地告訴好友，我只剩下一半的療程就能恢復健康了。」

直到，她最害怕的那一刻到來。

「那時候，我最擔心的是掉頭髮。」一向被稱為「國會漂亮寶貝」的邱議瑩坦誠。

「老婆，妳有沒有開始掉頭髮？妳有沒有開始掉頭髮？」李永得知道妻子愛漂亮，為了開始掉髮後的感傷，要趕緊對她做好心理調適。

「沒有欸！沒有欸！」邱議瑩開心說著。

「妳看妳的體質多好啊，妳一定是不會掉頭髮的那一種。」

「唉……我心想，怎麼可能呢？醫生告訴我，一定會掉頭髮。」邱議瑩把醫師的話放在心上，隱隱擔憂著。

最不願遇到的狀況還是上門報到了，邱議瑩在第一次化療後兩週，開始大量掉髮。

她回憶道，某個傍晚她沐浴時，邊洗邊感覺有異物一直順著水流，輕輕刮過她的背，然後流到腳底。她低頭一看，「不得了了，地板上堆著一撮撮黑色毛髮，定睛一看，地上全是自己的頭髮。」

「那個當下我……我傻了，妳知道嗎？我站在浴室裡面完全不、可、置、信！」邱議瑩看到這令她驚嚇不已的畫面，趕快將身體沖洗乾淨。更讓她驚嚇萬分的，是當她拿著毛巾擦拭溼髮時，整撮頭髮像纏亂的毛線揪成一團又一團，牢牢黏住她的粉白色毛巾。她屏住呼吸、快速梳開那亂成一團的頭髮，沒想到，這時大把大把的頭髮從她眼前整片滑落，留下滿地落髮。

邱議瑩蹲在蒸氣氤氳的浴室，放聲大哭。

「我完全……完全沒有辦法接受。」嚎啕大哭後，邱議瑩趕緊打電話給丈夫：「我開始、我開始掉頭髮了！很多、掉很多，我覺得很害怕！」她顫抖地努力把話說完。

李永得在電話另一頭溫柔安撫妻子：「妳不用害怕，那是必然的過程，醫生不是告訴過妳，一定會掉頭髮嗎？它終究還是發生了，這是一個自然的狀態。」

邱議瑩明白，即使再不能接受，當下也只能接受。畢竟，早就知道必然會發生的過程，只是「衝擊」來得早或晚而已，她只能承受衝擊、接受驚嚇。

邱議瑩這才意識到，原來，直到看見大量掉髮時，自己仍無法坦然釋懷。

幸有友人相伴度難關

掉髮隔天，幾位好友相約用餐，她並沒有讓朋友們知道自己昨晚的掉髮，一如往常打扮得漂亮，和好姊妹碰面想轉換心情。

貼心的好友體貼邱議瑩需要空氣較流通的環境，特地挑在戶外空間，沒想到這個時候一陣自然風徐徐吹拂，邱議瑩的頭髮竟然開始飄落，十幾根頭髮飛到好友的餐盤上，烏黑髮絲覆蓋住美味的料理。「當時我很尷尬，感覺好羞恥！」

「對不起，化療藥劑的作用讓我開始掉髮了……我……」被告知罹癌都沒掉淚的邱議瑩，原以為自己的坦然樂觀會陪著她完成化療，也打算開心抗癌，沒想到，掉髮的衝擊這麼難捱，她終於忍不住在好友面前哽咽了起來。

當時也在場的周玲妏回憶起大家驚訝又不捨的那一幕：「議瑩忽然就哭了，她還說，梳頭髮的時候更是整片整片地掉！」

姊妹淘的力量，掃去病中的陰霾。

一向給人堅強印象的邱議瑩，即使是情同姊妹的閨蜜知交也從沒見她哭過。看到邱議瑩哭成淚人兒，大夥全慌了手腳，不知道如何安慰。

這時，同桌的另一位好友忽然離開座位。

再回到餐桌時，手上拎了一只紙袋：「這送給妳，妳不要哭啦。」原來，可愛的好友想不出如何讓邱議瑩破涕為笑，竟然跑到鄰近的百貨公司，買了LV皮夾送給邱議瑩，希望她開心。

「這種安慰不錯欸！議瑩妳要不要多哭幾次，會有更多包包喔！」周玲妏調侃了邱議瑩，她終於難為情地破涕為笑。這段小插曲，也成為日後好友聚會的甜蜜回憶，大夥每每提起，總是忍不住又哈哈大笑起來。

「議瑩會用一些方式把淡淡的哀傷沖掉。」負責陪她享受美食的周玲妏坦言，這一路走下來，她親眼見證到好友的勇敢、堅毅和改變。

那時，連續好幾天，邱議瑩只要洗頭或輕輕一摸，黑麻麻一大撮頭髮瞬間掉落，常常睡醒時，枕頭上明顯散落一大片頭髮，「對我來說太痛苦了，我真的受不了。」

前總統李登輝到屏東拜訪老友邱茂男，
與化療中的邱議瑩互相打氣。

再也無法忍受不斷掉髮、大量掉髮的刺激，邱議瑩乾脆請雅文帶她出門：「妳載我去美髮院，我要去把頭髮剃掉。」

雅文載著邱議瑩和周玲妏到了美髮院，雅文坐在車上不肯下車，只因不忍目睹剃髮過程，「我向委員說，我不敢上去，我沒有勇氣接受那一幕。」邱議瑩狠下心把頭髮理光，「我知道她們（指好友）都在後面掉眼淚，但是我沒有，我並沒有哭欸。」

雅文在車上哭得稀里嘩啦，邱議瑩看了竟反問：「妳是在哭什麼啦？」

滅絕師太封號

邱議瑩不僅沒有掉淚，反而露出靦腆笑容，忍不住用手去摸自己的光頭說：「哦！真好！好清爽！我不用再忍受一摸頭，整撮頭髮就掉落在手上的難受了。」完成光頭造型的當天下午，邱議瑩特地回家補妝，讓自己

這就是當時被戲稱為「滅絕師太」的造型。

的氣色更好一點，拍下她的「定妝照」，照片陸續傳給先生、閨蜜好友跟辦公室主任Ruby。

「他說這張是滅絕師太！」從手機秀出照片，邱議瑩看著自己生平第一個光頭造型，自己也忍不住大笑了起來。

「她事先沒說要把頭髮剃光，我收到照片時是有嚇了一跳。不過我覺得她真的很勇敢，很不容易！」多年後，李永得回想妻子化療期間的痛苦，掩不住心疼說。

邱議瑩的另一位閨蜜吳昌怡，也在第一時間收到這張「光頭定妝照」。「我剛把頭髮剃了。」她一派輕鬆回覆：「欸……還滿漂亮的欸，小妹滿適合光頭的。」被好友暱稱「小妹」的邱議瑩，看了心情大好。

邱議瑩表示，抗癌期間保持心情的愉悅很重要，周遭親友保持正向的態度也很重要。她笑著回憶，當時李永得下班後打開家門，最常說的就是：「我老婆真的好可愛喔！我從沒想過家裡會出現這麼可愛的小尼姑！」就連後來她以頭巾搭配服裝，李永得也不忘稱讚妻子：「妳綁頭巾的模樣真

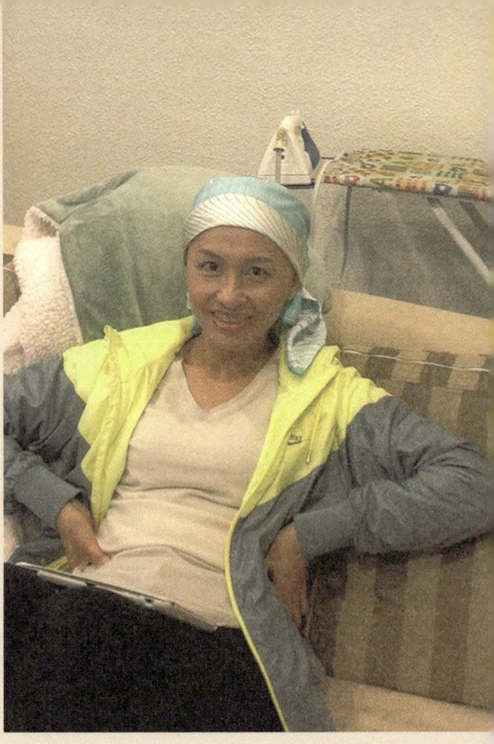

邱議瑩很快走過掉髮的悲傷，
她綁上各色絲巾，打起精神，
燦爛、熱情迎向工作。

帥！」讓愛漂亮的邱議瑩增添不少自信，也比較不擔心外出會讓別人看見自己的病容。

在小弟邱名璋眼中，姊姊身上有著超乎常人的堅毅特質，永遠是笑臉迎人，對家人報喜不報憂。他看到愛漂亮的姊姊突然理成光頭，透露：「我沒哭啦，不過我媽哭得很傷心。」

隔天，Ruby 看到邱議瑩傳給她的照片，「她已經把頭髮給剃光了，照片中的她笑得甜美，還是那樣燦爛美麗，雖然一路以來的化療讓她很不舒服，但她始終樂觀又堅強度過這些日子，真是非常堅強的女人。」

每化療一次，就像死過一次

「每三個星期一次化療，每次須住院三天，總共六個療程。」術後多年的邱議瑩對化療的記憶仍相當清晰，她形容「每化療一次，就像死過一次」。雖然語氣淡然，但隨著化療次數的增加，體內的藥劑量愈來愈多，副作用的表現也愈來愈劇烈，死過六次，每一次長達三至四天的副作用讓她吃了不少苦頭。

剛開始，即使雙腳抽筋、手麻腳麻且皮膚嚴重乾癢，甚至全身癱軟無力，幾乎無法行走；但只想接受挑戰、好勝心很強的邱議瑩彷彿在身上設定了防衛機制，讓她能忍耐這一切，疼痛都無法摧毀她想拚回健康的意志力。

二十五歲從政至今，加上剛打完選戰，她乾脆轉念當作自己每三個星期出去旅行一次，每次小旅行有三天的假期。只不過，旅館是病房。

邱議瑩沒有請看護，白天由貼身助理雅文陪伴，晚上就由丈夫李永得負責照料。雅文一大早就到醫院做伴，「我們兩個偷租愛情小說，到了晚上就得藏起來，要是被主委（李永得）發現，他會唸說『怎麼看沒營養的小說？』」中午，雅文在醫院附近買中餐，煎包、鍋燒麵或炒飯，「其實委員很好處理，她不會刁難人或耍性子這不吃那也不吃，她很體貼別人。」

隨著化療進入第四個療程時，副作用愈來愈劇烈。

邱議瑩吐得很嚴重，聞到白開水的味道，全身會起雞皮疙瘩，接著就是不斷嘔吐。

進入第五次化療時，副作用來到最劇烈的程度，她一邊打化療藥一邊嘔吐，吐到連水都喝不下去。

但是，醫師建議施打化療時要多喝水，幫助毒性排出體外，「我真的沒辦法，喝不下，就猛吐。」

助理雅文非常憂心，她心想，邱議瑩向來喜愛水果和新鮮果汁，便建議老闆以西瓜汁來替代白開水。

「我覺得這是個好方法，卻沒想到，一喝完，立刻就吐了。西瓜汁的味道並不會讓我感到噁心，所以我很開心咕嚕咕嚕喝下去，但一喝完，西瓜汁液到達我的胃時，很明顯感到不舒服，一下子就吐個精光，吐到沒有東西可以吐。」邱議瑩吐到全身虛脫，臉色慘白。「我請助理下樓買東西，她一進門就看到正在打化療藥物的我倒臥在床側吐個不停，整個臉都垮了，吐到連身旁的李永得看了都害怕，他束手無策。」幾度嚴重嘔吐，甚至拉著點滴瓶到廁所吐，醫師開止吐劑仍無濟於事。她心想，自己再這樣嘔吐

化療期間，消瘦臉龐依然樂觀神采。

下去，只會讓身邊陪伴的親友更加擔心，於是她決定向醫師求援。

邱議瑩主動請醫師開立安眠藥，隔天早晨醒來發現狀況好多了。她想，既然輔助藥物能有效克服化療副作用，就不要逞強忍耐，讓癌友跟家屬都受苦。

化療結業

二〇一二年五月四日這天，她終於完成六次化療，高醫醫療團隊特別製作「結業證書」，贈送給邱議瑩當作鼓勵。

當天，邱議瑩忍不住在臉書上分享雀躍的心情，也藉此向照護、陪伴她的醫護及親友表達謝意：「終於畢業了，一早主治醫師群特別送了張畢業證書給我，令我超級感動！其實應該是我要謝謝他們才對！謝謝蔡教授及莊醫師，從準備開刀就給我很多鼓勵，感謝二十二樓所有護理人員細心照料，感謝雅文隨時陪伴，她不只是祕書還兼看護，更感謝老公，這半年

上圖：2012 年 6 月 1 日，邱議瑩與丈夫一起切下慶祝與象徵重生的蛋糕。

下圖：2012 年 5 月 4 日，邱議瑩完成了一系列化療，與醫療團隊留下這張值得紀念的合照。

來時時體貼我的身體狀況、情緒狀況，更不畏辛勞在我每次住院時，堅持睡在一旁的沙發上！感謝所有給我加油鼓勵的好友！謝謝大家！」

六月一日是邱議瑩生日，李永得為愛妻精心籌畫一場慶祝重生的生日派對，好友也特地訂製美麗的蛋糕，上面插著一根蠟燭，象徵重生。

「妳看，我那天氣色很糟，頭上也都沒有毛，哈哈。」邱議瑩大方分享手機留著的舊照片，像個鄰家姊妹般隨和。

從一張張生病期間的照片可以看到，邱議瑩總會以各種鮮豔顏色的絲巾包頭，甚至搭配衣服顏色，看起來很有造型也很有精神。採訪時忍不住問她，怎麼那麼會配色？沒想到，她給了意外的回答。

「人生很奇怪欸，我生日在六月，那一年（二〇一一年），我的好友爭相送我漂亮的名牌絲巾當生日禮物，以前從來沒有這樣過，光是Hermes的絲巾就有五、六條。當時我心想這是怎麼回事，沒來由的，大家不約而同送我各種顏色的絲巾，我當時還在想說這是要怎麼用？我平常很少打絲巾的。沒想到沒多久我就生病了。」邱議瑩說，化療後她將頭髮理個精光，

對病痛的感同身受，使邱議瑩積極投入公益。

開始每天輪流拿不同絲巾出來綁，搭配不同款式和顏色的衣服，她笑得燦爛地說：「也滿開心的！」

遵守醫囑，當一個最乖的病人

周玲妏透露，陪著邱議瑩抗癌的過程中，眼看著從小把她當親妹妹的邱議瑩被癌症如此折騰，除了心疼，心中對議瑩的堅毅只有滿滿的佩服。「那段時間，議瑩偶爾會打電話來跟我說心情不好，過程中有淚也有笑，但她很快就能轉身，變成一個努力想讓自己快點健康起來的人。」周玲妏表示。

跟了邱議瑩十七年的辦公室主任Ruby，從旁觀察邱議瑩：「委員在化療期間常常嘔吐，為了讓身體有抵抗力，她還是會勉強自己進食。而且很配合醫生的治療，飲食上也做了很大的改變，加工的食品跟以前偶爾會吃的炸物都已經完全不碰了，反而更懂得烹飪養生料理和運動。她擁有堅韌的生命力與耐力，還要忍受化療後的痛苦副作用，真的是無比堅強。」

化療期間，邱議瑩相當注意飲食，只吃健康食物，不吃任何加工食品或油炸物。還買了很多食譜，天天在家研究養生料理，維持體力。重要的是，為自己安排很多事情做，讓自己的心情保持愉快。

「醫生跟我說，要順利復原，情緒管理很重要。」邱議瑩說。化療期間，只要體力允許，她一定堅持飯後走路半小時。她直言，想到那時候，對丈夫就有滿滿的感謝，李永得不管下班後多麼疲累，仍會牽著她的手在住家附近的小公園散步。近半年的化療結束後，她也絲毫不曾鬆懈，逐漸加重運動量，維持每天運動一個小時，攝取天然食物、新鮮蔬果汁，讓自己從裡到外，煥然一新。邱議瑩說：「做完化療，才真正進入抗癌之路。」這些健康的生活方式成了她日常的一部分，貫行至今。

許多訪客前往探視邱議瑩，不免會建議癌症病人各種祕方或補品。她身為公眾人物，來自地方鄉親的關懷與建議肯定不少，從各方湧入的保健食品、祕方、補品一下子塞滿了病房。

留著俐落短髮的邱議瑩，即使出院後四處跑行程，仍會為自己的身體健康找時間下廚。

令人意外的是，平時問政很有自己想法的邱議瑩，這回卻選擇完全聽從醫療團隊建議，只要醫生說「最好不要吃、不要試」，她就完全不碰。「她真的是很乖的病人。」周玲妏忍不住說。做為民意代表，早就習慣不斷地去挑戰政策、習慣說「不」以表達自己的意見。當自己生了場重病，一定會到處去找最新的資訊、打聽各種療法，加上又收到鄉親們各種善意的祕方，但她卻乖乖聽從醫囑。「議瑩從頭到尾都是很乖的病人，百分之百配合醫囑，乖乖聽話。即使是做完所有療程，進入養病期間，她也聽話配合，從吃、運動到心情調整等，醫生的建議她全部都聽，甚至去研究抗癌飲食、維持運動習慣等，很有計畫地讓自己康復。」

在化療期間逐漸出現的藥物副作用，蔡英美醫師也會視患者的情況跟需求來進行調整，例如給止吐藥、調整藥物劑量或助眠藥物。醫師也觀察到：「她不會自己想東想西，努力維持好心情，也就少了很多煩惱。」蔡醫師從旁觀察，發現邱議瑩選擇不迷信偏方、專注於正規醫療，對建立抗癌的正面心理素質有很大的幫助。

癌友模範生

雅文回憶，不論住院期間或回家養病，「委員會自己上網查最新的醫學資料或營養分析報告，消化後再拿去諮詢醫師，例如很多人推薦可以吃褐藻醣膠和牛樟芝，醫師建議要吃就等完成化療後再吃。委員很聽話，化療住院期間她完全以天然食物為主。」化療期間需要補充大量蛋白質，邱議瑩選擇自己下廚熬煮雞湯，每天從天然食物中攝取足夠的優質蛋白質，不需額外補充含高蛋白的保健食品。

邱名璋也說，家族龐大的親友團跟支持者基於關心與好意，紛紛提供各種偏方、藥草、保健食品和排毒祕方等，琳琅滿目，他們都相當感謝。「不過，我們全家都支持她一路聽醫生的話，相信實證醫學。醫生說可以吃的，我們才會去試。」

主治醫師蔡英美對相當配合醫療團隊的邱議瑩給予極高讚許，「她會拿資料來問我，我就分析給她聽，那些偏方真的是很多很多。市面上聽到的一定很多，但多數都是沒有科學根據。我跟她說，對於很相信的、很想嘗試的非正規療法補充品，先觀察它的成分標示，沒問題就姑且一試。」

蔡英美醫師坦言，服用偏方有時候是病人的安慰劑。但邱議瑩從開刀到化療，完全遵循醫療團隊的建議用藥，可說是癌友模範生。

蔡英美醫師進一步說：「其實不要相信大多數的偏方，因為通常沒有科學根據，如果有科學根據，我們醫生早就開給你了，醫生怎麼會藏私呢？只要在一個正派的醫療院所內，接受正規醫療，都可以放心。」

至今，邱議瑩仍然只吃天然食物，幾乎不碰保健食品。發現體力變弱時，她就燉煮一鍋雞湯，或一壺補氣茶，在外跑行程時帶著喝，補充元氣。

主治醫師宣布癌症治療畢業

經過連續五年密集的追蹤檢查，二〇一六年十一月十四日，邱議瑩接到主治醫師來電，正式宣布邱議瑩「畢業」了。

這代表著，邱議瑩確定完全康復。

好友幫她舉辦慶祝會，看著大夥喝酒慶祝，她僅淺嚐一口紅酒，佳餚美酒當前，她的意志力很驚人。

主治醫師蔡英美提醒，即使過了五年觀察期，仍建議要定期追蹤檢查。

邱議瑩依然樂意當個乖病人，醫師交代每三個月回診追蹤一次，她偏要兩個月就回診一次，「因為我覺得三個月好像很久，太久沒回醫院，我的醫生會想我，哈哈！」說完，邱議瑩一陣大笑。

每次陪邱議瑩回診，雅文總覺得看診時間好長。

「其實我看診只有五分鐘，跟醫生聊天二十分鐘啦！」邱議瑩又是一陣大笑。

邱議瑩個性坦白直率，沒有名人架子，跟她熟稔以後，可以感覺到，與她相處其實很輕鬆沒有壓力。即使初次訪談，聊到比較私密的身體感受時，她依然會熱心地坦率以告，想要一股腦兒分享她的經驗與心得。例如，更年期症狀之一：熱潮紅現象。

2017 年 6 月 1 日，蔡英美醫師為邱議瑩慶生，
也為癌症治療畢業獻上祝福。

由於邱議瑩接受廓清手術，摘除子宮卵巢，再也無法有月事。才四十歲，就必須接受擾人的更年期症狀。

「我不能隨便進行荷爾蒙補充療法，手術過後，我有嚴重的熱潮紅症狀。當時醫師有開很小劑量的荷爾蒙給我吃，稍微舒緩症狀。那幾顆吃完，我就沒有再吃了。醫師不想再開給我，我也不想再吃。我也沒有吃富含雌激素的食物或保健食品。我想，就這樣吧，我就接受，接受熱潮紅不斷不斷來侵襲我。」

令人難耐的熱潮紅

邱議瑩做完化療後立刻回到立法院開臨時會，當時媒體記者拍攝到她頂著超短頭髮來上班，五官精緻立體的她頂著前衛帥氣的小平頭，當時被媒體封為「台灣版的黛咪摩兒」。邱議瑩笑著說：「其實是我很不耐熱，

頂著帥氣的超短頭髮回到立法院
的邱議瑩。

（照片提供／今周刊）

台北的夏天格外酷熱，原本還乖乖用頭巾包住極短的頭髮，到後來根本包不住，索性拿掉絲巾！」

原本就很不耐熱的邱議瑩，接受開刀、化療等一連串治療之後，不久就出現嚴重熱潮紅現象。

她形容熱潮紅的感覺，全身就像火在燒一樣，整個人又熱又燥，相當不舒服。「開完刀之後，我開始熱潮紅。當時是冬天，偶有寒流來襲，台北非常冷。可是我一直喊熱，而且滿身大汗！晚上睡覺要吹冷氣，不然根本沒辦法入睡。可是我老公冷到把棉被蓋得緊緊的，他冷得半死卻不能說不。」邱議瑩邊說邊笑，不像在描述自己的難受經驗。

她說，剛開始很慘，熱潮紅症狀最愛在半夜來報到，尤其熟睡後常常被熱浪吵醒，根本難以好眠。熱潮一個小時侵襲一次，全身像是熊熊烈火在燒。就算冷氣直接對著自己，仍然無法散熱，這種情形維持很長一段時間。所以不論天氣多冷，她一定開冷氣睡覺，然後在床邊放一把小扇子，當熱浪來襲時，她就拿起小扇子猛搧風，「搧一、兩分鐘就自然會過去，過了就好了，但在熱潮來襲當下不趕快搧的話，就會睡不好，會一直醒來，睡眠品質很差。」

燥熱的症狀在夏季戶外更是痛苦，「整個人全身很熱，燒到快要昏倒

的感覺。」邱議瑩形容熱潮是由體內往外冒出來的熱，躺在冰塊上就能立刻舒緩。「當時會大量流汗，幸好我不會起疹子，我只在化療時皮膚又乾又癢，癢到很想去抓。」

為了因應不論白天或夜晚都會出現的熱潮紅，邱議瑩早就養成隨身攜帶扇子的習慣，一直延續至今。當熱潮紅突然出現，只見她氣定神閒，從包包內拿出扇子搧兩下，讓熱潮紅自然發作出來，再靜靜等待熱浪褪去。

現在熱浪突然來襲的次數已經少很多了，一天頂多出現兩、三次，「那種感受……更年期停經時，妳就會知道那多難受啦。」

她的許多好友最近也開始出現更年期症狀，當時她們覺得邱議瑩很誇張，寒流來襲竟全身冒汗、吵著要吹冷氣。現在終於自己感受到這種燥熱，熱到令人無法成眠。邱議瑩以過來人的經驗建議，最好的解決辦法就是放一把扇子在床頭，因為熱潮紅是無預警、突然出現的，而且很常睡到半夜就被熱到醒來，這時就拿扇子搧一搧，搧一、兩分鐘熱感自然會過去；又或者，如果半夜睡到一半時突然很熱，她會把被子掀開，「我知道我正在那個熱浪來襲中，讓自己透氣一下，知道外面的空氣是涼的，就會很舒服，大概一、兩分鐘，很快就會過去。」

提早進入更年期的邱議瑩為了適應身體變化，不論春夏秋冬，每天晚上都必須吹冷氣才能睡覺。如果回到高雄或屏東，天氣炎熱，她自述：「我可能會被熱死，所以我走到哪裡冷氣要跟到哪裡，這麼多年我也習慣了，就當更年期提早來。」

她神色自若，彷彿疾病或症狀早已不是對手，喔，應該說，似乎成了她的好朋友，在日常生活與之和平共存。

主治一分鐘醫學教室
——卵巢癌

根據衛生福利部統計，二〇一六年國人十大死因，癌症（惡性腫瘤）連續蟬聯第三十五年榜首，其中，十大癌症死亡率中，卵巢癌首度進入前十名。主因是，多數卵巢癌發現時已經是晚期了，平均五年存活率只有四成多。

卵巢癌初期沒有明顯症狀，通常是下腹部腫脹、悶痛、骨盆或腹部疼痛，往往被以為是腸胃問題而延誤治療。

中晚期的症狀則是：子宮異常出血、噁心、腹脹、頻尿、便祕、體重變輕、食欲不振，甚至出現腹水、呼吸困難、疼痛、出血、嘔吐等。腫瘤有時可能會壓迫到大腸，所以如果排便習慣出現異常，也可能是警訊之一。

四十歲以上、有家族史、不曾懷孕或因不孕症使用過人工生殖藥物者，是卵巢癌高危險群。

建議早期檢查，以便能早期發現、及早治療。

檢查方式有：

1 內診，醫生可透過觸診摸到卵巢有無腫大。

2 陰道超音波檢查，超音波探頭從陰道進入，可更清楚看到卵巢有無疑似病變，這是目前醫界公認篩檢卵巢癌最佳工具。

人工血管

埋入人工血管須進行局部麻醉，把如一元硬幣大小的人工血管埋入鎖骨處皮下部位，往後每次做化療打藥時就不需要再扎針，有些患者打針會打到找不到血管可打；埋入人工血管，可避免跑針、漏針。因為化療藥物毒性很強，萬一漏針，容易導致血管灼傷甚至潰爛。人工血管通常會長期裝置，二至五年不等，日後萬一復發時，可直接打藥。

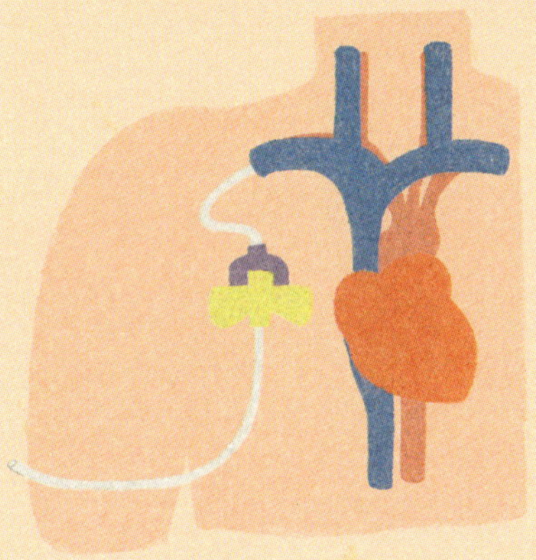

第七章

帶著溫暖的熱情，邱議瑩回來了

當剛直木訥的B型雙子男，遇到口齒伶俐的O型雙子女

李永得不諱言，對邱議瑩的第一印象只是普遍對「政二代」的刻板印象——「一個有點驕傲的漂亮女生」。這個印象一直到他們在行政院客家委員會（以下簡稱：客委會）共事之前，仍停留在李永得的腦海中。

李永得回憶，二〇〇五年六月他接任客委會主委時，行

政院長向他推薦幾位副主委人選，其中一位即是邱議瑩。當時，他透過客委會主祕與邱議瑩約在中山北路上的「光點台北」附設咖啡館碰面聊聊，誰知道，「在碰到面之前，她竟然還認錯人，目中無人到這種程度！」李永得促狹地笑說。

問邱議瑩，在客委會之前，兩人是否已有認識？邱議瑩回得更直接：「也許他認識我，但我不認識他。」說完自己哈哈大笑。

身為一個兼具美麗與專業的女性，邱議瑩不免被外界高度檢視，就連李永得也不諱言自己在一開始對邱議瑩存在著刻板印象。

「基本上也沒有很高的期待啦！」李永得坦承，他當時以為，卸下立委光環來到客委會的邱議瑩一定難脫傲氣。經過一段時間共事後，李永得才改觀。「她到客委會沒多久，我倒是非常意外，發現她好像也不是那麼樣地驕傲。」李永得提起邱議瑩在客委會的表現，立刻滔滔不絕地細數她突出的表現。

李永得表示，他的個性嚴肅拘謹，於公於私都不苟言笑，在工作場合出現總是讓現場溫度驟降不少。邱議瑩個性開朗，善於炒熱氣氛，擔任副主委之後反而成為主委與部屬之間的潤滑劑，降低不少公務往來可能引發的衝突。這樣的特質讓李永得如獲至寶。當時在客委會有限的預算裡，李永得希望能以服務客家、行銷客家及向下扎根育才的方式，逐步復興客家文化，而邱議瑩活潑外向、能言善道、外表亮麗的特質，也使得客委會無疑多了一位專業代言人。

戀情萌芽的那一刻

出色的表現，讓慧眼識才的李永得直呼「賺到了」，邱議瑩做事明快俐落，當年在國片市場頗獲好評的電影《一八九五乙未》就是由邱議瑩負責的影視文化推廣業務。邱議瑩不但把客家文化傳播得有聲有色，更嚴守分際、不搶鋒頭，這下子真的讓李永得不得不刮目相看了！

「她一開始給人家的感覺冷冷的，好像很驕傲。但相處久了會發現，

回顧早年邱議瑩的照片。一個漂亮卻又感覺有點驕傲、有點冷的女生，
也是李永得對她的第一印象。

邱議瑩與李永得在客委會任職時期的合影。

她聰慧、學習力強，工作時嚴肅幹練，平常又能把辦公室氣氛弄得很輕鬆。對內沒有長官氣息，對外也沒那麼官僚，其實熟了之後，大家反而特別喜歡她，也樂於信賴她。」李永得坦承，很難不被這樣的邱議瑩吸引。

直到二〇〇八年初，總統大選成立全國客家部，兩人需要更密集地電聯和開會，也有了較多的時間碰頭吃飯，李永得對邱議瑩的仰慕之情也逐漸萌芽。

從相識相知，走向相惜之路

公務繁忙的李永得，最喜歡趁假日時參加馬拉松路跑跟爬山健行。李永得爆料，二〇〇八年初，他鼓起勇氣邀邱議瑩到擎天崗爬山，沒想到她一口應允！從未爬過山的邱議瑩竟然「自然而然就答應了」。

回憶這段爬山初體驗的邱議瑩笑說：「我從來沒爬過山呀！要走上去其實有點難，他必須扶著我，結果就順利牽到我的手。」果然，恪遵「座標理論」的李永得追求漂亮寶貝時，也苦心研究一番：「手都牽了，其實還有點不太確定。但如果寧願有摔倒危險也不讓你牽，那就嚴重囉！」李永得以最安全的方式，測試屬於他倆的曖昧是否有更進一步的可能，「以普通朋友的身分，在爬山的時候，為了安全起見要扶著對方的手，通常不太會拒絕。當時讓我確定，邱議瑩並沒有排斥我。」

不久之後，農曆春節來臨，邱議瑩帶著父母到美濃賞花，也順道探望客委會長官，才有了第一次驅車出遊的約會。慢慢地，隨著交往愈來愈密切，李永得這才發現，邱議瑩外冷內熱。她的熱情反映在她對家人無微不至的照顧上，她的孝順跟善良更加擄獲李永得的心了。

身為多年幕僚兼好友的Ruby說，獨立幹練的邱議瑩其實很渴望愛情，內心也住著一位浪漫的小女孩，「其實主委邀她私下約會時，她如少女般害羞，因為她遇到了台版劉德華，整個人既期待又怕受傷害。」

婚前給邱議瑩最大力量的是邱爸爸和邱媽媽。個性剛毅的她並不會對父母撒嬌，但對父母真的是百依百順。

戀愛中的幸福。

遇到李永得之後，讓人跌破眼鏡的，邱議瑩變成以夫為天的溫柔妻子，凡事必定以丈夫為優先考量。「李主委給她的愛與安全感，讓她有動力繼續在政治路上向前衝，當然還有許多支持她的選民，這些都是她背後的巨大力量。」吳昌怡是陪伴她走過感情磨合期的閨蜜，「她是愛情第一的人，是愛老公俱樂部代表第一名啦！」甚至笑著透露，「她平常不容易哭泣，但會為老公而哭喔。」高中老友鄭亘真也搖頭笑稱：「談到感情，基本上她是非常小女人的。完全以丈夫為主，完全捨棄自我啦。」

低調交往的兩人，原本並沒打算公開，直到交往的消息見報後，邱家父母才知道，原來女兒談戀愛了！然而，差距十六歲的戀情原本不被邱議瑩的母親接受，還出動了大媒人陳菊市長，帶著李永得到邱家提親，但邱媽媽就是避不見面，當時的場面有點僵。不過，菊姊百般保證，甚至說「今天不是提親，是直接為李永得打包票」，才讓這場提親儀式有了圓滿的結局。

兩人婚後，邱媽媽親眼看到李永得對女兒的百般呵護，尤其在開刀抗癌那段時間，李永得在手術房外焦急等待之餘，還要分心安撫兩對老邁雙

邱議瑩與李永得結婚，
親友齊賀。

親；尤其，女兒化療期間，女婿每天奔波勞形於公務，夜裡還不辭辛勞睡在病房沙發上照顧女兒。這些點點滴滴逐漸融化邱媽媽，慢慢接受這名「老子婿」，兩老這才真正確定放心了女兒的幸福依歸。

邱議瑩笑稱：「現在我媽媽動不動就打電話來問，她女婿這禮拜有沒有要回屏東吃飯啊？現在回去，餐桌上都是李永得愛吃的菜色，唉……我這個女兒的地位啊。」這段幸福的愛情，除了歷經邱議瑩生病開刀，更是經歷了一波三折，才終於開花結果。

家變與疾病，讓人脫胎換骨

熟識邱議瑩的朋友都知道，她古道熱腸、好打抱不平，所謂「路見不平，氣死閒人」，說的就是她這種個性。「氣」是一個人的人格特質，講求義氣的邱議瑩，素有義行，但年輕的時候缺少了「斂氣」。

看在家人、好友或工作夥伴眼裡，這場重病讓邱議瑩整個脫胎換骨。

從原本與人疏離、獨善其身的黨外運動從政者的後代，搖身一變成了傳播溫暖的健康分享者。

「說真的，以前議瑩不會主動待人親切，除非妳跟她很熟。這跟她小時候經歷過美麗島事件父親被抓去坐牢有關，我們都變得比較會保護自己。」周玲妏坦言。跟邱議瑩情同姊妹的她，父親是周平德，跟邱茂男在美麗島大審同被判刑六年，也同在桃園龜山監獄受刑，並同時出獄；當時同住屏東的邱、周兩家，因經常結伴北上探監，培養出兩家的好交情。周玲妏補充，美麗島事件不僅讓她們的父親在家中缺席，社會言論的攻擊、警察的跟監、學校師生的刻意疏離等等，都促使自己從小就學會築一道牆自我保護；而邱議瑩隨著年紀漸增，加上疾病和意外所帶來的生命歷練，才慢慢學會圓融。

邱議瑩出生於屏東，父祖輩曾經營貨運行，自家經營米店生意，從小家境不錯。邱議瑩的祖父邱慶德曾任三屆屏東市市民代表會主席及兩任屏東市市長，父親邱茂男原本是國民黨籍的屏東縣議員，卻因參與黨外運動

邱議瑩與世交好友周玲妏。

邱議瑩小時家中經營的米店。

而遭到政治迫害。

一九七九年十二月初，邱家經營的米店兼《美麗島》雜誌屏東服務處連日受到多位不明人士攻擊，店面被砸得亂七八糟，甚至曾被「軍用斧頭」襲擊，造成一人受傷。當時才九歲的邱議瑩對這段恐怖經歷至今仍印象深刻，「以前我們家是透天厝，全家人睡一個房間。我們三個小孩的床靠窗邊，我爸叫小孩睡他們床邊的地板上，以防不肖人士從窗外丟擲炸彈、汽油彈或石頭。有時，爸爸會在我們睡到正酣時喚醒我們，或者乾脆把我們抱到房裡邊。」

父親被抓走後，從縣議員淪為了階下囚。米店沒人敢進來，家境開始變得不好，母親為了不讓突如其來的家變影響年紀尚幼的三個孩子，只好把店面分租出去以減輕經濟負擔。

隨著父親入獄，邱議瑩的童年也宣告結束。

讀《美麗島》雜誌思念父親

原本就是《美麗島》雜誌社服務處的住家裡，還有許多黨外雜誌，邱議瑩不再閱讀童書，《美麗島》、《深耕》等黨外雜誌成了她思念父親、認識父親的管道，似乎也埋下了邱議瑩日後從政的伏筆。

邱議瑩回憶，美麗島事件當時承受許多汙名，也讓她在學校變成「孤鳥」，即使成績再好，有些老師仍會以各種不同理由讓表現優異的她無法擔任班長或參加校際比賽。還有同學經常嘲笑她是「沒爸爸的小孩」，或是口出「妳爸爸是壞人才會去坐牢」等惡言，「我

上圖：邱議瑩從小就是邱茂男的掌上明珠，父女感情深厚。

下圖：美麗島事件對台灣、對邱家都是巨大的衝擊，林義雄出獄後到屏東探望邱茂男，與邱議瑩合影。

就很生氣臭罵回去，我說我爸不是壞人，我爸是為台灣在奮鬥的人，絕對不是壞人！」邱議瑩笑說，「我算是很早熟的小孩，八歲就知道國民黨有多麼壞。」

「父親服刑四年六個月出獄，那年，爺爺就過世了。」邱議瑩落寞地說。邱茂男坐政治牢獄期間，原本是地方政壇要角的父親邱慶德，竟從此失語。

「我爺爺以前是國民黨大老，曾擔任國民黨中央委員，是忠貞的黨員，在當時國民黨裡有一定的地位。就他們內部的說法，認為我爺爺養了一個忤逆子，背叛國民黨、脫離國民黨，我爺爺也因此被國民黨處分。」黨內大老的兒子卻脫離國民黨去從事黨外運動，最後鋃鐺入獄。對邱慶德來說，這輩子最大的挫折並非被國民黨處分，而是他一生效忠的黨國政府把他的兒子抓進大牢，成為政治犯。

父親入獄這件事對爺爺的打擊至深，從此灰心喪志，不願意開口講話，一句話也不說。邱議瑩回憶，自從父親入獄那天開始，爺爺如果要喝水，

大學剛畢業的邱議瑩，幫爸爸站台輔選。

就指指杯子示意家人倒水給他；吃飯時間一到，奶奶把飯菜端給爺爺吃，吃完就逕自上樓。小議瑩跟在後面問：「爺爺上樓幹麼？」爺爺一句話也不吭，再追問：「爺爺要上樓睡覺嗎？」他點點頭，默默上樓回房間去。年幼的邱議瑩就這樣，跟在爺爺背後問東問西，卻再也沒聽過他親暱叫著：「阿孫來，阿公抱！」

白色恐怖的陰霾，籠罩台灣，也深深影響了邱議瑩的成長。歷經美麗島事件、爸爸被關、爺爺失語、在學校被欺凌……這些經驗讓邱議瑩從小就學會要堅強過生活。父親被關在龜山監獄時，邱議瑩利用寒暑假住在台北姑姑家，每天就近到龜山探視，早慧的她總是刻意露出笑容讓父親安心。

「我不會在大家面前哭，只會一個人偷偷躲起來哭。」隔著透明壓克力窗看著父親，她從不掉淚。

小小年紀就懂得分擔母親的辛勞，照顧兩個弟弟，扮演好長姊的角色。她在屏東市就讀中正國小時，有一回，有人去欺負才小學三年級的弟弟邱名璋。邱名璋看到個頭比他還高的同學對他挑釁，感到有些害怕，連忙跑到姊姊班上討救兵；當時也才小學六年級的邱議瑩二話不說，立刻從樓上的教室衝下樓，氣呼呼地直接去找欺負小弟的人評理。想起往事，邱名璋笑著說：「我姊從小就是大姊頭的個性。」

聽了弟弟的回憶，邱議瑩頻頻點頭笑說：「我已經忘記這件事了，但對我來說，誰都不可以欺負我的家人。」這也難怪，面對前副總統呂秀蓮暗指邱茂男在美麗島事件時面露恐懼，邱議瑩憤而公開放話：「如果明年大選，呂秀蓮繼續與陳水扁搭檔競選，我便回鄉嫁人。」從此，她不再公開支持呂秀蓮，也反映出邱議瑩好惡分明、敢愛敢恨的一面。當時的掌摑事件，也是因為李慶華發言，請她「有點家教」，讓她認為雙親受辱，憤而「搧嘴皮」。如此剽悍的媒體形象，其實都來自她護家人至深所致。

出獄後的邱茂男曾開小鋼珠店，也曾賣過愛國獎券，為的就是能盡快改善家計。後來他決定參選省議員，有了黨外經驗，為了不讓子女因他再度成為焦點，便將子女送往澳洲就學。

遠離政治紛擾

在台灣長期受到政治力和媒體關注的三姊弟，因而有了不被打擾的自在生活。年僅十八歲的邱議瑩，先到澳洲的學校註冊、安頓，後來小她三歲的弟弟也到了澳洲，大弟則因為兵役問題最晚到。姊弟三人住在小房子裡，邱議瑩身為大姊，儼然是一家之主，負責採買、煮飯、理家，一邊讀書，同時身兼母職照顧兩個弟弟。「我小弟到現在只要一想起我下廚，就想起他在澳洲每天在餐桌上看到的料理，除了燉牛肉還是燉牛肉。」哈哈大笑說著，還不忘強調：「唉唷，我當年才十幾歲啊！在台灣從沒下廚過，之後的菜色已經有很大的進步了啦！」

當時，邱議瑩一個人隻身前往澳洲，在那之前，她從未出過國，也沒搭過飛機，母親擔心她不會講英文，沒辦法跟外國人溝通，甚至特地聘請家教老師惡補英文。邱議瑩一聽到英文家教開價一小時兩千元，急忙回絕母親的好意：「我去澳洲以後，每天都講英文了啊！為什麼現在要花兩千元補英文？」

一九八九年，台灣到澳洲還沒有直飛航班，邱議瑩一個十八歲的女孩子，先飛到香港等待十個小時後的轉機，在香港晃來晃去，不知道到哪個航廈、哪個登機口轉機，就這樣比手畫腳、中英文交雜，最終成功來到澳洲布里斯本。才國中畢業的小弟也跟著到澳洲，為了讓弟弟學好英文，邱議瑩刻意安排他就讀很少華人的高中，她說：「我小弟當時很怨恨我，全高中連同我弟弟總共才七個華人，五個香港人和一個馬來西亞人都講廣東話，就只有他一個台灣人，起先感覺很孤單。不過他後來很感謝我，因為他不但學了一口道地的澳洲英文，還說得一口流利的廣東話。」言語當中，不難想像當年三姊弟在孤立無援的異國生活中相互扶持的畫面。

這些特殊的成長經驗，在不同時期把邱議瑩磨練成外表強韌的形象，習慣在陌生環境前先武裝好，不輕易讓人靠近。邱議瑩坦言：「直到現在，仍然很怕別人經由背後靠近或碰觸我。」這樣的武裝，除了是防衛，更是一種長期下來的不安全感。

邱議瑩高中最要好的同學分享了一段趣事，很能反映邱議瑩的個性。邱議瑩最拿手的是人文學科，有一次歷史老師把標準提高，少一分打一下，包括邱議瑩在內的大多數同學都挨了打。當時，怒氣沖沖的邱議瑩認為老師任意提高標準，非常不合理，領完考卷後竟然當著所有人的面，把考卷揉成紙團扔進垃圾桶。「她從小就是個性鮮明、真性情的人，所以在政壇上容易給人恰北北的印象，但她沒有心機，不會因為要掩飾或顧形象而故作扭捏，不會刻意說好聽的話，如果自認錯了就會勇於道歉。」這話出自和她交情超過三十年的好友鄭亘真，更顯生動。

年輕氣盛，快人快語

回首過去，邱議瑩不免羞赧道出：「當時的確比較年輕氣盛，但我並不認為那是負面新聞，包括因不滿陳水扁前總統被移送到沒設精神科的培德監獄，被媒體拍到踢破法務部長的辦公室大門。」邱議瑩還原當時過程表示：「法務部在立法院公開表示會尊重榮總的醫療專業，卻偷偷摸摸將陳前總統移送到台中，公然對立法委員、對全國人民撒謊。我們到場後，部長明明在辦公室卻鎖門關燈，又再一次撒謊，我氣不過啊！」

邱議瑩自己細數在政壇上的幾個大爭議，只有「番仔」是她願意誠摯道歉的失言。但她進一步解釋，當時她是在批評國民黨籍立委胡亂干擾議事，不小心使用了一個會讓原住民朋友介意的語彙，即使完全沒有要侮辱原住民，她也理解這個語彙代表著國民黨統治的殖民傷痕，深受黨國教育影響的她，疏忽了這個詞彙是引來族群對立的政治性語彙，「我誠心誠意向原住民朋友道歉。」雖已事過境遷多時，她仍語氣謹慎而嚴肅地說道。

這就是快人快語、但只要有錯就會立刻虛心認錯的邱議瑩。

長期跟在邱議瑩身旁的 Ruby 表示：「我覺得她是個很真的人，了解她的就會知道。」外界每每以媒體擷取部分畫面所呈現出來的形象來定論邱議瑩，「說她剽悍，實在不盡公允！她比較大而化之、講求義氣，真實的

2017 年邱議瑩積極參與前瞻計畫審查，
為人民謀福利。

她反而是很小女人的。政治人物為所屬政黨盡責，有時候是很身不由己的。民眾的政治立場本來就各有不同，肯定會有正反意見，說不為她擔心是騙人的，我其實也擔心她的真情表現，容易引起民眾誤會。」

擔任法案助理的林唯莉提到，政府現階段急切通過「前瞻基礎建設計畫」的條例跟預算，希望能加速推動對民眾生活、對投資環境有利的各項建設。邱議瑩是該會期的委員會召集人，擔任主席期間，因為在野黨長期杯葛議事，立法院所有議事被迫停擺，她在一陣混亂推擠中，眼見國民黨立委扛著會議桌衝向主席台打算攻擊她及其他委員，於是決定在跑完合法程序後，馬上宣布初審通過。她在許多同黨委員保護下離開後，靜心思考，程序一切合法但仍有爭議，她不希望一個對全國人民有利、對國家發展有益的計畫被惡意汙衊，於是立刻調出錄影帶重新檢視，經與黨團幹部討論並徵詢同意後，決定重新排定審查議程。

後來她更幾度被國民黨立委惡意羞辱，只為了讓計畫順利進入審查。一路跟在身旁看著的林唯莉，都忍不住為她叫屈，但是，「委員她耐著性子，跟我說，算了！他們只是要找個挨罵對象來轉移不合理的杯葛，如果找我出氣，他們願意讓會議好好進行、讓條例確實審查，那就值得了。」邱議瑩從善如流，讓審查會議重新排審，也答應國民黨不當主席，卻一路挨著罵，種種委屈，助理看在眼裡，盡是不捨。

活在當下，珍惜家人親友的愛

以「外剛內柔」這句話來形容邱議瑩，絕不為過。她不太容易跟陌生人相處，但跟她認識、互動幾次以後，絕大多數的人幾乎都會對邱議瑩改觀，認為她是個很坦率又熱情的人。

這場意外降臨的疾病，讓她外表剛硬的部分變得比較柔順了。

「以前，如果我不喜歡一個人，會很清楚地表現出來我、很、不、喜、歡、你。」邱議瑩承認，生這場重病之前，喜怒形於色。喜歡她的人認為她率真正直，不喜歡她的人會覺得她蠻橫魯莽。

現在，她會試著轉念：「唉！算了！不需要跟他生氣。」多一點點忍耐，把自己主觀的不喜歡放在心裡，讓對方不至於難堪。「這樣你也開心，我也開心，我覺得能夠活下來，大家能夠繼續做朋友，這都是一種緣分，既然現在我們有緣分，我就會很珍惜這個緣分。如果實在不喜歡對方，就表示我跟他沒有太大的緣分，這樣想就沒事了。」也難怪周遭的友人、工作夥伴經常私下議論：「委員的脾氣變好了欸，腳步也變慢了。」

「歷經生死這一關，很多事情我都能看得開了。過去，我的個性很急，求好心切，總給自己很大的壓力。現在，覺得很多事情老天爺自有安排，開始學著如何緩一緩。面對不合理的事情，就深呼吸，也不用那麼生氣。開心是一天，哭也是一天，我寧可開心過完最後一天。」這場大病扭轉了她整個人生觀，變得更珍惜、更懂得惜福，邱議瑩轉而追求的是一份平安。

「某個程度上，與其說是順其自然，我倒覺得是……順勢而為吧！我不會刻意去強求什麼東西。這人生路上的風景，我看過太多意外，但直到意外發生在自己身上，才會慢慢發現，當你硬要去追求什麼時，大多數時候往往不是你能決定的。我從這次的生病得到很多人生頓悟，例如：名利很重要嗎？財富很重要嗎？一旦連你自己都掌握不了健康的時候，真的，沒有什麼是重要的。躺在病床上，動也動不了的時候，有名又怎樣，so what？有那麼多財富又怎樣？你花不了那個錢哪！那個時候，爭權奪利的結果絲毫沒有用，你的健康讓你根本做不了主！」

語氣愈來愈激動，邱議瑩忙不迭補充說：「當你身體在痛的時候，大家知道你在痛，然後呢？你只能自己承受啊，你只能自己想辦法化解啊！你沒辦法幫我痛。我老公沒辦法幫我痛，對不對？很多事情不是憑一己之力就能改變，逐漸地就會變得比較順其自然。對於身邊所有的人事物，也變得更想好好珍惜。很多圍繞在我身邊的好朋友，我格外珍惜，尤其是生這場病時，有很多十多年不見的老朋友紛紛出現，主動來關心我、探視我，我很感動也很感恩，我覺得這是很難得的緣分。」

疾病教會邱議瑩，當死亡在面前時，要做的不是恐懼，而是提醒自己把握當下。這樣的轉變，也改變了李永得的生活模式。

李永得一向以工作為重，除了公務出差，很少為了滿足自己而出國。有一天，邱議瑩突然對他說：「工作很重要，但是你想要做什麼的時候，也要趕快去做。」乍聽當下，他不太能理解妻子要表達的是什麼。

「比如說，我們是不是應該每年安排去日本或到哪裡放鬆心情啊？以前我們老是說，工作好忙沒時間，等明年再說吧……但有些事情如果現在不做，怎麼知道你我能夠活到明年呢？」

「議瑩對生病已經隨時有種看開的感覺，對於當下所有東西要懂得珍惜，懂得勇敢追求、勇敢去愛，我覺得這一點也是她生病以後上帝送給她的禮物。」李永得緩緩說著自己的觀察。

從盛夏豔陽到穀雨芳春

生病之後，她把這份對家人的愛與關懷往外延伸，即使是跟她沒有任何關係的人，她也熱情擁抱。

大抵來說，她的家境不錯，又是長女，從小就被疼愛她的父親邱茂男寄予厚望，希望邱議瑩能夠繼承邱家政治衣缽。可以說，打從邱議瑩出生的那一刻開始，就是家族裡的掌上明珠。即使她的童年因美麗島事件被迫提早結束，但在家人刻意的保護下，並沒有造成物質或精神條件上的匱乏。被寵愛簇擁長大的邱議瑩，的確有些驕縱任性；美麗島事件後，讓她驕縱任性的個性多了防衛心，以至於不認識她的人覺得她凶悍、有距離感。

被「愛」包圍的人，容易將「被愛」視為理所當然；習慣接受「愛」的人，不見得懂得付出「愛」。而這樣的人，往往是強者，恃寵無畏。

往往，要等到自己成為弱

者，才發現原來世上存在著想要卻不一定能擁有的東西，比如健康。也只有失去健康，需要仰賴他人照顧的時候，才發現，原本擁有的愛並不理所當然。當自己成為被協助的人，才能夠真正看見，有許多需要被協助的人還等著被看見。

這場病，讓邱議瑩看見弱者的自己原來擁有這麼多的愛，當自己成為病人，這麼多人主動給予關愛和協助，卻只是希望她早日康復，別無他求。

邱議瑩幸運地從這場疾病中恢復健康，也讓她體會到什麼叫做「感同身受」。她開始接收到那些需要被協助的聲音，當她分享成功抗癌、恢復健康或養生祕訣的時候，那些原本神色落寞哀傷的朋友，眼神從充滿哀傷轉而變得炯炯發亮，彷彿找到希望。邱議瑩看著那些因她而重燃希望、積極抗癌的人，就覺得好開心，而這樣單純的開心能夠持續很久很久。

從前的邱議瑩，像仲夏豔陽，她喜歡你，就給你幾乎要溢出來的付出，她不喜歡你，就當面讓你羞愧得幾乎無地自容。熱情直率如火，使得邱議瑩往往在灼傷別人的同時，也炙傷了自己。

生病之後，邱議瑩的火焰在失去健康的恐懼感中降溫，在接受協助的過程中，更發現溫暖比熱情還持久。在「等待」中——等待治療、等待出院、等待健康——學習「緩慢」，而緩慢讓人更有時間停下來思考、反省，並重新感受這個世界。

邱議瑩認為，生病帶給她最正向的意義是，很多人知道她生病，紛紛前來關心，其中也有很多人熱心提供各種祕方。後來知道她康復了，許多患者會主動來找她，希望她能提供意見給他們參考。「我就會不厭其煩地，比如說跟他分享我們在做化療的時候，可能會面臨到什麼樣的困難？會跟他分享應該怎麼吃？我們應該怎麼樣互相加油？我很開心地去做這些事情，很奇妙地，無形當中我也交到一些不同的朋友，這些朋友其實很多是我根本從來沒見過也沒機會接觸到的。我們就透過通電話或者是臉書、LINE互通訊息，彼此也就愈來愈熟悉。」邱議瑩心滿意足地細數這些難得的緣分。

邱議瑩心有所感地說：「生病之後，我真正明白，為人點燈，在我眼前的光，照亮別人的同時，也能讓自己看到前方的路。」人生的意義在於找到自己存在的價值，被需要就是一個人最大的價值。

邱議瑩天生懂得勇敢追求、勇敢去愛，生病後，這份勇敢的行動成為主動的付出，李永得形容，「邱議瑩具有很濃厚的媽媽性格，熱心、愛管閒事，這項人格特質在這場大病後更加表露無遺。」

熱心助人的「媽媽氣質」

李永得說，有時聽到邱議瑩滔滔不絕拿著手機長達一個多小時，以為是跟朋友熱線。事後問她，邱議瑩居然回說：「我也不認識欸！」可能是朋友的朋友、朋友的大嫂的三叔公之類的陌生人，因為不幸罹癌，輾轉聯絡上邱議瑩，請教罹癌後的保養祕訣。即使互不認識，邱議瑩也能很有耐性地分享她的過來人經驗；不僅如此，有許多病友透過臉書或服務處找到邱議瑩，不論多忙，她一定抽空親自回覆，有問必答，恨不得把知道的全部傾囊而出。常常看到邱議瑩已經過了就寢時間還坐在床上，一個字一個字慢慢按下鍵盤回覆訊息，反而變成李永得忍不住叨唸她：「某人的養生睡眠時間到囉！」

助理林唯莉說，邱議瑩罹癌到康復至今已經過了五年，辦公室仍不時會接到罹癌的患者或家屬的諮詢。她就曾接到一位憂心如焚的母親來電，訴說女兒婚後五年還沒生小孩，卻發現罹患一期A卵巢癌，非常難以接受，想請教委員當初如何面對是否保留生育功能的抉擇。當唯莉將邱議瑩抗癌的心路歷程和生活作息的調整逐一分享給那位母親，也發現，所有的母親都是把女兒的健康擺在第一，是否能夠生育都是次要的考量。

「我告訴她，委員當初一開始也沒讓自己的父母、公婆知情，女兒都擔心爸爸媽媽啦！阿姨您別放心上，您女兒孝順！而且，她孝心有福報，所以讓她在卵巢癌一期A就被檢查出來了，一定要樂觀！我們委員說，癌細胞最怕愉悅的心情，一定要樂觀，要滿懷希望地抗癌！」說完之後，那位母親頻頻道謝，一直不斷重複：「妳真的好有耐心聽我說話，我會放寬心照顧我女兒，一定要她像妳們委員這樣堅強、樂觀。」

邱議瑩經常對助理群耳提面命，不管是癌友還是家屬，最需要的不僅僅是客觀上的醫療技術，讓癌友知道自己並不孤單、有人陪伴，與人分享經驗跟聆聽徬徨的心情，有時候更為重要。

助理雅文說，邱議瑩交代服務處要常備一些經她推薦過的抗癌、防癌保健書籍，「委員跟我們說，生病的人這段時間會很不知所措，所以她很喜歡去幫病人加油打氣，她說，做這些事情時特別快樂。」雅文提到一個讓人印象深刻的例子，前兩年她有個同事罹患乳癌二期，必須進行乳房全切除手術。同事極為沮喪，吃不下也睡不著，幾乎要想不開了。

邱議瑩一聽到消息，撥了電話邀助理隔天到她家一趟。一進門，陣陣雞湯香氣襲來，原來，邱議瑩一掛上電話立刻到市場採買食材，隔天早上花了好幾個小時慢熬燉煮，原本病懨懨的助理半信半疑：「這雞湯……可以喝嗎？」邱議瑩邊舀雞湯，邊告訴他們正確的抗癌飲食觀念，強調要盡量調適自己，擁有愉悅的心情是有效對抗壞細胞的靈藥。原本毫無食欲的助理喝了一口，大呼：「為什麼妳煮的湯清淡卻這麼好喝啊？」邱議瑩以天然食物療癒了助理的味蕾，後來在助理養病期間，她還多次親送手作料理前往探視。這位助理最終挺過了手術和化療，正積極恢復健康中。

分享癌症飲食經驗

助理唯莉就曾看過好幾次這樣的場景，邱議瑩遇到曾罹癌的他黨立委，即使平常隸屬不同政黨、即使在會議時偶有齟齬，但她只要知道有哪位委員身體不適，就會停下快速移動的步伐，介紹她認識的醫師或是分享健康養生的食療方法。唯莉邊搖頭邊笑著說：「我們委員真的是刀子口豆腐心，心腸比誰都還軟。」

唯莉記得有一回，她之前就讀的學校某教授的父親傳出罹癌消息，她私下請教邱議瑩相關資訊。沒想到，邱議瑩立刻放下手邊工作，連珠炮問起：「第幾期了？住在哪個縣市？主要照顧者方便在哪裡看護？」得到回應之後又開始滔滔不絕地交代她提供各種面向的建議，最後還不忘提醒唯莉要盡量協助教授以及他的父親。

前不久，某國民黨籍立委至親罹患卵巢癌，透過該立委詢問邱議瑩，能不能跟他的至親聊聊？「當然沒問題啊！」邱議瑩爽快應允。

「我每天吃燙青菜吃到很想吐，還有什麼健康的食物可以吃啊？」話筒那端是罹患卵巢癌的立委親人，喪氣地說。

「吃東西是很快樂的事，不要把自己搞到很不快樂，妳想吃什麼就吃，這樣全身的細胞才會快樂；只要抓幾個大原則，油炸的、生的、醃製的、加工的通通不要吃，這樣就可以了。」邱議瑩殷殷叮嚀著。

「麻辣鍋可以吃嗎？」

「可以啊，照吃啊，妳不可能天天三餐都吃麻辣鍋對吧？」

「泰國菜可以吃嗎？」

「當然可以啊！就照吃啊，只要發現吃什麼東西下去可以讓妳開心快樂，妳就放心吃。」

邱議瑩自病癒後，偶爾也會在辦公室下廚。

「真的是這樣嗎？可是朋友跟我說每樣食物只能用水燙過，這樣才健康。」這位癌友持續追問。

「這樣人生不是很無趣嗎？吃東西是很快樂的事情，要記住，要吃才有體力。要讓身體有足夠的能量對抗病魔，所以一定要讓自己吃得健康、吃得快樂。快樂這兩個字很重要，不管吃什麼，重點是，要讓自己覺得快樂。」邱議瑩不斷重複「快樂」二字。「那……那咖啡可以喝嗎？」

「喝啊，喝咖啡多快樂啊，只要不過量。一天喝十杯，對身體當然不好啊！就像麻辣鍋，我超愛吃啊！只要不是每天三餐都吃麻辣鍋就好。總之，開心就好，如果妳問我火腿或香腸能不能吃？我只能說，我自己是不吃的，因為我覺得不太健康。但妳要吃也沒關係，記得不要常吃，偶爾吃一、兩塊還可以啦。」邱議瑩幾近嘮叨地說著。

幫助癌症病患樂觀面對

李永得描述妻子生病後最大的改變：「她不但勇敢，而且很快地脫離焦慮不安的情緒，把她的樂觀特質充分應用在抗癌過程。尤其是在她生病之後，你可以很明顯看出她對別人的關心，讓我非常感動。」

二〇一三年，邱議瑩獲選為高雄市抗癌服務協會第十二屆的抗癌鬥士，表揚大會上，她不吝分享一路走來的心情，溫暖而感性，鼓舞台下的癌友：

我還很年輕，還有很多事情要去完成，因此不能放棄。更重要的是，罹病當時我剛結婚一年多，好不容易等了四十年，才嫁了一個好老公，所以不能那麼快讓自己沒有希望，一定要好好活下去！我希望因為自己的生病，讓周遭朋友因而更重視健康，有更正確的飲食觀念。我也發願，希望能盡自己一點點的力量，來幫助周遭的癌友。由於癌症的發生率在台灣非常高，我們的環境充滿了罹癌因子，身邊也有很多朋友得了癌症，包括乳癌、卵巢癌、子宮內膜癌等女性專有的婦科癌症。當自己生病之後，才體會到，如果有一個跟你一樣生過病的人，把她的罹病經驗做交流、分享，對病人的心理真的有很大的安慰與鼓舞作用。將來，我也會持續將我的力量貢獻出去，希望能為癌友和社會做一些有益於健康的事。總之，癌症並不可怕，可怕的是失去奮鬥的意念！

生性樂觀的邱議瑩，不論面對選戰中各種不實謠言或治療期間的身心折騰，她始終正向面對，並且將之轉化為助人的力量。

溫柔化解家人緊繃關係

康復後，她比從前更頻繁回屏東老家。她是家族聚會的主要召集人，負責協調弟弟和弟媳的時間，一起回屏東陪伴父母，維繫家族的親密感情。

邱議瑩不僅關心娘家的家人，對夫家也是如此。

行程雖然繁忙不堪，邱議瑩規定老公每週都要抽出一整天的時間，和公婆、弟妹相聚聊天。「她對我弟弟、弟妹他們的事情比我還了解，還有包括我跟我前妻生的女兒，她們相處得很好，甚至改變了我和女兒的緊繃關係。」李永得坦言。

李永得在保守的美濃鄉間長大，父母親年輕時，靠著種田養活一家人，就和台灣傳統的父母一樣，不善於表露情感。身為長子，李永得較為嚴肅內斂，長子如父，李永得更加權威，讓弟弟妹妹不太敢親近。

以往的農曆春節前夕，李永得總拖到除夕下午才從台北回到美濃老家，年夜飯一吃完就忙著跟老同窗聚會，回到家都半夜了。隔天一早，顧著東奔西跑，很少把時間留給家人。

「有時候我們回到美濃，他就習慣把自己關在房裡看電視或看書。」邱議瑩描述丈夫回到老家的情形。

美濃婆家全家福。

「欸，你為什麼不出去跟大家聊聊天哪？」說話直率的邱議瑩忍不住吐槽他。

「要聊什麼？」李永得一臉狐疑。

「聊什麼都好啊，你不要把自己關在房間裡，這樣感覺你好像很難相處欸。」

李永得靦腆一笑，從善如流關掉電視出門。沒想到，他一出房門，卻把客廳裡的全家人嚇了一大跳！「我記得他第一次出去跟大家聊天時，全家人還很『剉』（發抖的台語發音）。他弟弟妹妹立刻站起來問：『大哥，有什麼事嗎？』」邱議瑩描述時忍不住狂笑。

認識邱議瑩的人都知道，她很容易「人來瘋」，個性熱情的她其實不太習慣冷冰冰的環境。尤其，她跟家人的關係非常緊密，看到李永得跟家人如此疏遠，就更積極地想拉近彼此的距離，讓李永得一家含蓄內斂的愛慢慢外顯。

不僅如此，李永得充滿感激地說，邱議瑩是開啟他與女兒長期緊繃關係的「靈魂金鑰」。

給孩子更多的親情關懷

杭杭是李永得與前妻所生的女兒，今年二十多歲了，從小就很有主見，經常跟老爸李永得發生摩擦，長期鮮少往來。

李永得跟邱議瑩交往時，杭杭已經成年了，邱議瑩自然而然地把她視為大人，兩人感情很好、情同姊妹。

「杭杭面對老爸的女朋友，起初有某種程度的抗拒，這是很自然的事。不過，杭杭很成熟，她覺得這是大人的事情。所以我就以大人的方式跟她相處，大家反而自在。」邱議瑩說。

杭杭隻身在台北讀書時，李永得還在高雄當副市長，為了幫這對疏離的父女製造更多相處機會，邱議瑩經常獻計。例如，李永得每週四必須北

邱議瑩陪李永得參加女兒在英國的畢業典禮。

上開會，邱議瑩前一天就開始慫恿丈夫：「你今天要不要提早上台北呀？找杭杭吃頓飯嘛！隔天一早直接出發到行政院，多方便哪！」起初，李永得少根筋：「不用啊，我明早再北上就好了。」

邱議瑩繼續敲邊鼓：「反正你今晚在家也沒事，你很久沒看到女兒了欸，找她吃晚餐關心一下嘛。」李永得默默拿起電話約女兒吃飯。

大學畢業後，杭杭申請到英國攻讀碩士。當時父女關係仍不見改善，兩人偶爾透過臉書知道彼此近況。

「終於畢業啦！」杭杭的臉書發文透露她學成在即。

「恭喜妳啊！」李永得簡短留言恭喜女兒。

「永得先生，你恭喜我是因為你想來參加嗎？」女兒探問。

「好啊，我當然去參加啊！」李永得坦言，女兒從前不愛念書且相當叛逆，某天突然開竅，自己申請出國深造，的確應該親自到場，給女兒一個肯定。

「議瑩一向很關心杭杭，她知道杭杭要畢業了很高興，也跟我去英國。

那一趟旅程，孩子的媽媽也在，我們就一起帶杭杭去吃飯。」李永得對妻子的大器充滿感激。

李永得深感，議瑩把他跟她的家人隨時放在心上，「冬天一到，她會唸著老人家要穿暖和一點。出門逛街就記得買外套送我父親，也給她爸爸買一件，她喔，照顧家人真的是無微不至。」李永得從來沒有費心於親情，婚後看到邱議瑩如此呵護家人，才開始向妻子學習，努力補修親情學分。

「上帝給了我一個更好的邱議瑩回來。」李永得有感而發地說。

愛屋及烏，外甥捧在手上疼

做為一名癌症病人，邱議瑩算是很正向也很樂觀看待病痛。從飲食、運動到維持良性的人際互動等自我照顧，邱議瑩設法在病痛生活中自造歡樂。邱家三姊弟的感情，不因各組婚姻家庭而疏遠，在邱議瑩的刻意經營下，邱家開枝散葉後的關係更加緊密了。

邱議瑩化療在家休養的那段時間，弟弟邱名璋一有空就會帶著女兒到高雄陪伴她。邱名璋說：「我姊在外面一向表現得很堅強，即使罹患癌症，生病那段時間，她也完全沒在我們面前哭過，她的個性本來就如此。」歷經生死交關之後，邱議瑩的人生觀也有了變化。「她很想要趕快好起來的那份認真與堅強，我們都能感受到。」邱名璋語氣裡透露著對姊姊的心疼。

邱名璋住在屏東市，婚後育有一女二男，姑姑邱議瑩對三個孩子疼愛有加。尤其是就讀小學的女兒，跟姑姑邱議瑩感情非常好，經常到姑姑家過夜。邱名璋回憶，邱議瑩在家養病時，女兒不過四、五歲，就會自己打電話去跟姑姑約時間說要見面。話筒一掛，轉頭跟爸爸說：「爸爸，我跟姑姑有祕密約會，請你載我去找姑姑。」邱議瑩一聽到外甥女跟她之間的祕密約會，笑著說：「就是帶著麥麥（外甥女），我們就手牽手一起晃到百貨公司幫她治裝打扮哪，然後接著去電影院觀賞小朋友最愛的動畫電影。」

邱議瑩本來就很喜歡小孩，一度打算退休後要開幼稚園。她幾乎把弟弟的三個孩子當成自己的孩子般寵愛。助理雅文說，有次她在美式大賣場

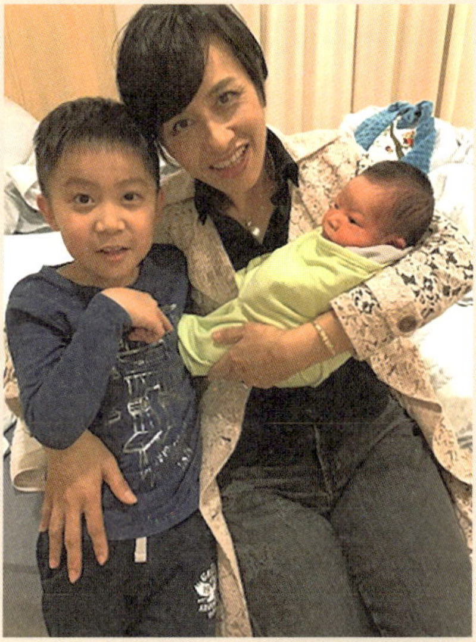

邱議瑩與三個外甥麥麥、兜兜、蒙蒙和爺爺、奶奶合照。

看到一隻比人還高的米老鼠布偶，可愛極了，隨手拍照傳給邱議瑩看。不久，就接到老闆來電：「買！買兩隻。」雅文費了很大的力氣才把這兩隻比正常人還高大的玩偶塞入車子後座，沒想到這兩隻卻嚇到半夜醒來上廁所的小朋友，邱議瑩想到這件事，講著講著笑個不停。

更好笑的是，原本跟弟妹說好，米老鼠是「聖誕老公公」送的禮物。有一天，邱議瑩跟外甥女通電話聊天，外甥女興沖沖地跟她分享喜悅：「姑姑，我跟妳說喔，聖誕老公公有送我一隻好大的米妮喔！可是我常常半夜被嚇到。」

「欸，這是姑姑送妳的欸！」邱議瑩完全忘記自己跟弟妹串通好的事。

「不是啦，不是姑姑送的米奇，這是聖誕老公公送的喔！」九歲的外甥女在電話那頭堅定說著，一來一往僵持不下，外甥女最後把話筒拿給弟弟，請弟弟跟姑姑解釋。

「姑姑，這是聖誕老公公送我們的！」六歲的外甥童言童語，口氣卻十分肯定地對姑姑「曉以大義」。

結果，話還沒說完，兩個小朋友開始嚎啕大哭，邊哭還邊跟媽媽抗議：

「明明就是聖誕老公公送的米奇，姑姑很討厭欸，她幹麼一直說是她送的？」弟妹笑著說，這位聖誕老姑姑真的是貴人多忘事，迷糊極了！

兩人世界，依然浪漫

邱議瑩很愛小孩，跟心愛的人共組家庭、生兒育女是她最大也最平凡的夢想。

「我跟我老公說，我最適合做的就是賢妻良母。」單獨跟外甥女約會一整天，透過照顧孩子的飲食起居，邱議瑩充分享受當母親的成就感。

四十歲那年她跟「台版劉德華」李永得公證結婚，原本想拚一下生個孩子，卻因為罹患卵巢癌，經歷開刀、化療等療程，無法生育。

忍不住問邱議瑩：「會遺憾嗎？」

「會，會有遺憾，但已經這樣了，不然怎麼辦呢？」邱議瑩回答得坦率。停頓幾秒後，她突然開口，更誠懇地自我揭露：「我到現在還是很喜歡小孩，非常喜歡，我當然希望有我自己的小孩，我生病之前曾經取卵，去台中李茂盛醫師那邊做過試管，但沒有成功。沒辦法，是的，是有遺憾，老公一直跟我說，不然我們去領養一個孩子吧。」

「我跟老公的確認真討論過，也去了解相關流程。不過後來我打消念頭了，我跟老公年紀都不小了，加上我們都在公職，太忙了，這時候有個孩子，我很怕沒時間全心全意照顧他，我會很內疚、很捨不得！老公有杭杭這麼優秀的女兒，覺得很欣慰了。而我，我就把過剩的母愛給那三個小外甥吧！」邱議瑩笑得雲淡風輕。

「這對她的確是個挫折，她非常喜愛小朋友。」李永得一直都知道，妻子很想要一個自己的孩子。她從小就渴望建立婚姻家庭、生兒育女，當疾病剝奪邱議瑩長久以來的夢想，誰都能理解這顆腫瘤對她造成的心理衝擊。「不過，我認為還好啦！她個性本來就不太服輸，一向正向且樂觀。我相信她會懂得如何心理調適，不會花太多心力去鑽牛角尖。」邱議瑩就讀道明中學時期的手帕交鄭亘真表示。

邱議瑩將自己對小孩的愛，分享給全世界。

鄭亘真說，二十五歲那年邱議瑩因身體不適就醫，才知道自己患有子宮內膜異位症。當時，人在高雄的鄭亘真經常陪她去榮總婦產科就診。二〇一一年第三次開刀，醫師不但要摘除她僅剩的部分卵巢，連子宮都得一併摘除。和邱議瑩一同走過荳蔻年華的鄭亘真，很能夠理解好友必須強迫自己接受無法生育的那股失落感。

膝下無子的遺憾，邱議瑩學會看開看淡。畢竟，一場大病讓她領悟生命無常，人生難免有缺憾，有失就有得，樂觀開朗的她，選擇往「得」的方向看，更加享受生活的美好。

邱議瑩坦言，她跟先生各有公務在身，也難得能夠好好坐下來吃飯約會，更別說是看電影了。偶爾遇到能夠共同出席的公務場合，或是抽空相約爬山、慢跑，只要能夠碰面聊聊天就很知足了。也因為兩人都這麼忙，她跟李永得約定好，放假的時候就要隨興過生活，想出門走走絕不拖延、想窩在家裡時就懶洋洋地「宅」在家裡，看書聽音樂喝茶，「後來我們覺得好像不太能回去過不太自由的日子了，所以就更看得開了。」

邱議瑩曾在自己的臉書問道：「幸福是什麼？」對她來說，幸福是可以在風和日麗的週日早晨，和老公坐在陽台，隨著小野麗莎的音樂，悠閒吃著早餐。「三不五時，我就約我老公去陽台吃早餐、喝咖啡或喝下午茶，就算不出門，也可以在家創造一個屬於兩人的浪漫時間。」邱議瑩生性浪漫，又閒不下來，很會在日常生活中找樂子。

邱議瑩突然想起一段趣事，手舞足蹈地分享。有次，一如往昔與老公坐在陽台吃早餐，只見身旁的丈夫望著美麗的景色，幽幽說著：「唉！我們在一起三、四十年了，你伴著我走過大半歲月，在我人生最低潮時總是不離不棄，如今卻毫不留戀地離去，徒留我在此朝思暮想……唉！」邱議瑩滿腦子問號盯著丈夫，李永得這時竟苦著一張臉哀嘆：「香菸哪！我好想你啊！」聽完，邱議瑩已經笑得不支倒地。

從政，屬於很高壓的工作型態，邱議瑩很擅長在生活中釋放壓力，回到家，她最常做的就是腦袋放空。「我老公都笑說，我每天只要放下公務或選民服務後，整個人都放很空。」邱議瑩生性神經比較大條，很多事情

邱議瑩與李永得除了在工作上互為彼此的助力，生活中也常保幽默的情趣，一起旅行、吃飯、喝茶，兩人的生活有滿滿的幸福感。

過了就過了，她不會一直放在心裡糾結、想東想西，她讓自己過得自由自在，沒有太多情緒上的包袱。

邱議瑩很懂得過生活，常常為自己創造很多生活上的樂趣，經常被老公調侃「很會變東變西」（台語）。她非常喜愛玫瑰花，有個在屏東經營玫瑰花園的朋友特地送來一盒剛採收不久的新鮮玫瑰花，花農好友強烈推薦邱議瑩可以拿回家泡澡。

回到家，她果然認真遵照好友教導，先煮一大鍋水把玫瑰花放入鍋內，待整鍋水煮開後變成紅紫色，「感覺那就是花青素跑出來了」，邱議瑩很有實驗精神，自顧自在廚房內忙來忙去。她小心翼翼捧著一大鍋紅紫色玫瑰花水倒入浴缸後，在水面上輕輕擺放兩朵玫瑰花瓣，再滴幾滴精油、點燃香氛蠟燭，燭火微微閃耀，整個浴室滿室清香。

邱議瑩說：「我跟你說，天然香精有助於分泌我們的腦內啡，跟聽音樂、看畫作一樣，會讓我們的精神層次感到安定和愉悅。在這麼高壓的政治工作環境，我要不斷嘗試各種新方法來調節我的身心狀態、提高抗壓力，與其說是養生祕方或是具有生活品味，毋寧說是佛家說的中道。真正的幸福是，工作的時候我會付出最大的努力，放假的時候我就徹底卸下緊繃的神經。」生氣只有五分鐘的邱議瑩，很多事情過了就放下了，不會一直在心裡糾結、胡思亂想。

跟自己的身心對話

邱議瑩有感而發地說，她感激這場病，逼她終於停下來沉澱身心。她發現，只有在萬物靜寂的時刻，才有閒情逸致欣賞月光、領受浩瀚的星宇，才有空閒來聆聽自然天籟，也才有時間讓她盤整梳理自己的人生。

雖然，從政到現在，不免有許多風波紛擾，但現在她愈來愈能夠釋懷那些不明就裡的誤會。她明白，長期的負面虛耗會通向地獄之門，只有放下才會讓自己更輕盈。當你讓身心帶領，珍視著自己的身體，跟自己對話，它就能夠給予正面的回饋。

如果只從媒體上認識她，幾乎無法想像私底下的邱議瑩是如此熱情浪漫、隨性灑脫，也難怪跟她熟識多年的好友、工作夥伴總是替她抱不平，覺得她常常被誤解，外界總是根據媒體報導直接貼標籤、妄下定論。

復發陰影仍在

與螢幕上的強勢形象截然不同，從丈夫、家人、好友與工作夥伴口中所描繪的邱議瑩，是個有點天然呆、有點浪漫的小女人，看似矛盾，其實很符合雙子座多變的個性。

正如邱名璋所說，做為一名政治人物，尤其是女性，有時必須在職場上展現陽剛堅定的一面，才能在高度競爭的父權世界占有一席之地，「她覺得不合理就會據理力爭，但絕不是凶悍的人。私底下，她根本是個十足的小女人。」同樣地，她跟所有女性一樣，會擔心害怕。罹癌這件事，即使醫生已經宣告她完全康復，對於日後是否復發的擔憂，依然隱隱在她心底作祟著。

邱議瑩在一次做完化療後待在家休養，那天，她看了電影《陪你到最後》，劇情描述妻子罹患乳癌，男主角外遇不斷卻仍陪著癌妻走到臨終。片中描述許多妻子化療時遇到的各種痛苦，人性的堅強與脆弱在疾病前展露無遺，而癌症妻子渴望陪伴與恐懼失去的雙重焦慮更引發了歇斯底里。「這部電影看到最後時，我一直大哭。結局是他太太死掉了，劇情還把他太太接受化療、被癌症折磨的樣子全部寫實呈現出來，我的情緒就崩潰了，不斷嚎啕大哭。」邱議瑩說。

哭聲驚醒了在房內午休的李永得，他衝到客廳了解情形後，告訴妻子：「妳不可以再看這種悲劇電影，妳只能看喜劇或是豬哥亮的主持秀。」平常最喜歡閱讀哲學或人文書籍的李永得，為了讓妻子開心，也開始陪著邱議瑩看綜藝秀。

李永得坦言，別看邱議瑩天性樂觀，剛開始真的是被這場突來的卵巢癌嚇壞了，內心深處的恐懼至今仍無法完全消除。剛開始，手術後腹痛或神經抽痛，她就擔心是不是癌細胞復發了？化療期間，只要聽到某某人癌症過世了，心情便大受影響，長達兩、三天的嚴重低潮，不斷擔心著「下一個會不會是我？」即使現在，每當觸及不幸消息時，仍然會勾起她內心最深沉的恐懼感，邱議瑩最常說的就是：「你不曉得什麼時候就會去（過世）。」

李永得坦言，要克服死亡陰影並不容易：「我常勸她，妳可以活在這種陰影之下，或者是，妳活在看透了這種生死無常的陰影下，要努力轉變成正向的力量。議瑩也很努力，我看著她這幾年來，變成一個更加珍惜周遭一切的人。可以說，卵巢癌的出現及抗癌的成功，其實為她帶來了比較正向的能量，這個能量是對外的。」

周玲妏回憶，二〇一七年初跟邱議瑩相偕去美國訪友，某天用餐時，邱議瑩突然說自己某個地方不太舒服，便胡思亂想是否癌細胞復發了。心急如焚的她，立刻打越洋電話回台灣詢問醫師姊夫。一回到台灣，邱議瑩立刻衝往醫院做詳細檢查。「她打電話跟我說沒事的時候，自己也笑出來，說這幾年常常自己嚇自己。」周玲妏心疼地說，妹妹邱議瑩已不再像以前那般好強，也懂得開口向人求助了。

第八章

難免的病痛人生，更須常保歡樂

勇敢面對疾病挑戰的邱議瑩，也很有毅力地為自己規畫健康生活，並且延續至今。

選後第三天，邱議瑩遵照計畫進入化療階段，考量到她的體力，而且要盡可能降低被感染的風險，高醫的醫療團隊建議她最好先暫停所有行程及選民服務，減少與外界接觸，乖乖待在家裡養病，以利盡早恢復健康。

邱議瑩是個聽話的病人，醫師的囑咐全聽進去了，她趁休養時，大量研讀各種對自己有幫助的書籍資料。但對已經習慣被繁忙的行程填滿時間的她來說，「乖乖待在家裡」仍是不小的考驗。個性獨立又不甘於靜態生活的邱議瑩，是如何讓自己安於那段長達半年的「宅女」生活呢？

待在家裡不到兩天，邱議瑩忍不住嘀咕：「我不能讓自己變成廢人」、「我也不想成為廢人」、「我必須找很多事情來做」、「我必須做很多能讓自己開心健康的事情」。

什麼事情可以讓邱議瑩天天在家做也甘之如飴呢？

答案是，為先生和好友燒一桌好菜。

彈琴訓練末梢神經

化療是許多癌症病人揮之不去的夢魘，化學治療在殺死癌細胞的同時也會影響正常的細胞，因而產生無可避免的副作用，最常見的像是嘔吐、食欲不振、身體腫脹、腹瀉、掉髮、全身無力、麻、痛等等。對癌友來說，

大病一場後的邱議瑩，
現在也可以說是一個厲害的廚娘了。

光是其中任何一種副作用，就夠折磨他們的身心了，連帶地也會影響病人及家屬的情緒和生活品質，有些癌友因受不了這種長期的高度壓力而罹患身心症。

接受化療期間，邱議瑩最難以承受的是脫髮和嘔吐反胃，至於常見的皮膚問題，像是變黑、乾燥、痕癢，或是神經和肌肉的麻痺、抽筋，邱議瑩也無一倖免。

為了克服四肢麻痺跟抽筋所帶來的強烈不適，邱議瑩選擇「硬碰硬」來應對癌症帶給她的種種試煉。首先，她請音樂老師到家裡來教她鋼琴，除了讓悠揚的樂音寬慰她偶爾焦慮的情緒，最實際的，就是藉由敲擊鍵盤來訓練她的指尖靈活度，並鍛鍊逐漸麻木的末梢神經。

第一次化療後不久，邱議瑩開始感覺手腳變麻，「像一大群螞蟻在我的身上亂竄，四肢末梢都麻得很嚴重。很像我們長時間固定某一姿勢，壓迫神經導致觸電麻痺的那種感覺，後來真的是麻到幾乎失去知覺。」她形容著。

隨著化療次數增加，手指和腳趾頭的反應神經變得很遲鈍，邱議瑩無法眼睜睜看著自己的四肢愈來愈不靈活，左思右想之後，她決定重拾鋼琴，強迫手指活動。

「我家裡正好有架鋼琴，朋友是鋼琴老師，就請她來教我。我每天練習一小時，不過當時我的手指不太靈活，彈得不太好。」邱議瑩說，她最喜歡的是理查克萊德門的曲目，旋律優美浪漫。

問她：「感覺自己的手指跟腳趾頭漸失知覺，心會慌嗎？」

邱議瑩不加思索地回答：「不會。」

「主治醫生跟我說，這是正常的藥物副作用，等化療結束就會恢復的，我一點也不擔心！」邱議瑩充滿信心。

有時候全身痠痛的無力感過於嚴重，讓她坐也坐不住，躺也躺不住，什麼姿勢都不對。這時，她就播放喜歡的音樂，慢慢讓自己的情緒放鬆下來。然後，稍微移動家裡的擺設，讓家有煥然一新的感覺，她笑著說：「這不但轉移了身體不適的注意力，還趁機活動了筋骨。重要的是，稍微調整

藉著抵抗化療帶來的副作用，邱議瑩重拾了彈琴的興趣。

家具位置，不用花錢就有搬新家的感覺，真是一舉數得呀！」

力行健康生活的邱議瑩，從運動、飲食、情緒的管理到心態調適等等，由外到內，徹底轉變。

計步手環送員工，大家一同來運動

從沒停過的，還有每天持續運動一小時。

在家休養時，邱議瑩準備了一台跑步機，早晨五點多起床，在跑步機上快走一小時，透過大量流汗來排出體內毒素。邱議瑩笑著說：「剛開始執行的時候，有點撐不下去。後來我邊運動邊看韓劇，一集大約五十分鐘，時間很快就過了。」一旦養成習慣後，「我很喜歡一早流汗的感覺，可以讓自己神清氣爽，一整天都很有精神。」

邱議瑩眨著一雙大眼睛，笑著表示：「運動的時候，大腦會分泌多巴胺，它會讓大腦記憶運動中的愉悅感。很多人說，運動會上癮，其實就是大腦的獎勵機制在作用，它會不斷提醒你去做這種讓人體愉悅的行為，對我們的健康當然很有幫助呀！而且，多巴胺對調節壓力跟忍受疼痛也都有幫助，跑步的確讓我在對抗癌症的副作用時，減輕很多不愉快、不舒服的感受。」

她回憶化療期間，打完化療藥劑的前兩天，由於身體相當不舒服而無法運動，但第四天一恢復體力便開始漸進地運動。說起來容易，運動對化療中的病人來說，非常考驗他們的意志力，不管是體力或是心情，都會讓癌友顯得病懨懨、懶洋洋，情緒表現也比較容易低落。「當時，我很清楚知道，運動是可以讓我健康的一種方式。做完化療頭兩天，我的腳連行走都有問題，實在沒辦法動。一等到身體很不舒服的狀況解除，我一定想盡辦法讓自己動。我乾脆買了一台跑步機放在家裡，隨時可以走走路或者慢跑。」邱議瑩語氣堅定，神采飛揚的姿態就像她在立法院問政般認真。

「很多人私下問我，邱議瑩真的每天運動嗎？真的！她很堅持每天要跑步，強迫自己要大量流汗。」貼身助理雅文自我解嘲，當年目睹邱議瑩

不管是病中或是病癒，邱議瑩堅持運動，
也不斷向身邊的朋友、團隊倡導運動的好處，甚至揪團去跑步、爬山。

化療的痛苦過程，讓她怵目驚心，當時還發大願要運動健身。沒想到比她忙碌千百倍的老闆，維持良好的運動及飲食習慣至今，而她除了減少購買鹹酥雞的次數，連慢跑鞋都還沒準備呢。邱議瑩的超強意志力，讓助理佩服得五體投地。

為了鼓勵大家運動，邱議瑩自掏腰包購買計步手環送給助理群，倡導日行萬步，讓「登真團隊」成員能養成規律運動的好習慣。

讓運動成為一種生活

堅持天天運動，是邱議瑩維持自己身體健康的實踐方式，她一旦下定決心，就會徹底實踐。就連出國參訪也不例外。她說，其實立法委員到國外開會參訪的行程都非常緊湊，並不像外界質疑的假出國真旅遊。她舉四月份到澳洲墨爾本出差為例，每天早上九點到晚上十點，整整五天全被各式各樣的會議、參訪和國會議員的交流活動塞得滿滿的，就連午、晚餐都是公務會晤，根本不可能有自由觀光的行程。

但是，邱議瑩就是能夠在忙碌的行程中，硬擠出時間來運動；她一連四天，清晨五點跟隨行出差的助理唯莉約好，「在天色未明的亞拉河畔快走，河裡有悠遊泅泳的水鴨與我們作伴。就這樣，我們來來回回快走，直到陽光灑在我們身上。這段時光雖然只有一個小時，我已經非常滿足了，那可是墨爾本的母親之河欸！」

邱議瑩習慣早睡早起，但政治人物免不了跑攤應酬，這時怎麼辦呢？「我盡量控制在晚間九點前回到家。說到這，我非常感謝我的選民都很體諒我曾罹癌，他們也很理解我平常認真問政、回到選區也很努力解決大家的問題，我真的很感恩！」

同時她也認為，助理該保有自己的社交生活圈。「我希望他們能多陪家人、善待自己。我盡量以身作則，讓工作夥伴在健康、友善、愉悅的環境中一起努力。其實，這種關係比較可能長久，也比較和諧。」

時至今日，邱議瑩每天至少走上一萬五千步左右。採訪當天，邱議瑩一大早就有應接不暇的行程，緊接著到立法院開會。當時她忙到中午一點多，受訪時瞄了一眼手錶，說著：「我今天太早出門了，到現在還沒運動，我跟妳聊完之後要回家趕進度。」每天像極了轉不停的戰鬥陀螺，她依然日日貫徹。「有時候我為了追韓劇，會在跑步機上看，看完一部，差不多也達到運動量了。」邱議瑩微微一笑，促狹的神情很像一般愛追韓劇的少女。

從政之後，工作占據邱議瑩大部分的時間。三十多歲時，親朋好友原本都擔心，她這麼忙碌，眼睜睜看著愛情跟婚姻都要蹉跎掉了，更別說是運動了。然而此刻，為了健康，她讓運動成為日常生活中的一道風景。

簡單生活的人生觀

邱議瑩不像時下一般女生怕運動流汗、晒黑，她從小就熱愛運動，國小時還曾參加田徑隊，是學校的短跑健將。「我姊算是滿有運動天分的。」小弟邱名璋透露。

兩個弟弟都很喜歡棒球，讓邱議瑩也跟著瘋迷棒球。因為熱愛棒球運動，加上熱心參與公益活動，經常可看到邱議瑩參與運動盛事的身影，像是二〇〇六年有一場關懷早產兒的公益活動，就是由兄弟象明星球員馮勝

賢發起的「歲末愛心義賣，強棒出擊——為早產兒祈福」義賣活動。當時還是客委會副主委的邱議瑩，更是拋磚引玉標下一對新疆白玉。

李永得熱愛馬拉松，平常也維持運動的習慣，與邱議瑩交往之後，只要兩人都抽得出空檔，「他去跑步，我走路。」罹癌之後，除了室內跑步機，在台北就到陽明山，回高雄則到柴山或觀音山爬山流流汗。

「她有感受到體力的重要，我們都知道，不論外表保持得多麼年輕，很殘酷的就是四十歲以後體力明顯下滑。我跟議瑩都感覺規律運動之後更有精神，身體的新陳代謝和細胞修復也變得更好。」邱議瑩的好友、也同樣愛運動的周玲妏認為，何時開始運動都不嫌遲，規律運動讓她倆即使工作忙碌也能維持好氣色。體力變好，人也變得更開心了。

也因此，即使現在已完全恢復健康，邱議瑩仍然保持規律運動的生活態度，甚而在允許的壓力範圍內，在不讓自己的身心狀態過度負擔的前提下，漸次挑戰，增加耐力。

她強調，養病時的運動，一定要避免體力過度負荷。生病的人追求的是健康、恢復和平衡，不在於追求極限挑戰或競賽輸贏，否則不僅對自己的病情毫無幫助，還會造成負擔。

回首過去這段養病時光，疾病讓她擁有跟自己獨處的難得機會。手腳麻痺是化療的副作用，為了讓手腳維持靈活，她重拾多年荒廢的鋼琴演奏；為了對抗抽筋，她試著慢跑和快走，因而養成每天早晨慢跑的興趣。

邱議瑩國會辦公室主任 Ruby 認為，罹癌對邱議瑩最大的影響，就是她更加珍愛生命、珍惜身邊每一個人，「簡單生活就是她現在的人生觀。」

這場病，也讓原本就注重身體保養的邱議瑩，在她精心布置的英國鄉村風廚房裡，找到可以大顯身手的另一個新趣味。

宅女親手做飯，親友爭當飯友

「我每天最大的樂趣就是做菜。」邱議瑩話匣子一開，就像是好姊妹閒話家常般，分享做菜心得。她的肢體語言很豐富，深怕你聽不清楚或是漏了哪個環節。她可以相當仔細地述說哪些菜只要再多加一點什麼，就會變得更清爽美味；哪些食材相互搭配，有助於營養素吸收得更完整；哪道料理幫助女生的氣色更粉嫩；還會推薦哪些專家的食譜，可以如何轉化成自己的創意料理……

只要一提到烹飪，邱議瑩的眼神就會變得既認真又柔和，跟電視上犀利質詢官員時給人留下「強勢」或「凶悍」的印象截然不同，也難怪認識她的朋友總為她叫屈。

手術住院返家後，邱議瑩開始展開宅女生活。她最期待的就是為好友設計一套又一套的菜單，接著再把菜單變成一道又一道色香味俱全的佳餚，一群人共享同樂。

邱議瑩化療期間，各地好友搶著來探病，平常負責為她安排行程的助理雅文預先錯開訪客時間，例如今天是高雄鼓山區的老友來，明天換旗山的朋友來，後天則是北部的好姊妹專程南下到高雄探病……「讓朋友天天陪她哈拉，藉著她的烹飪興趣讓她開心忙碌。讓病人有事情做很重要，不然很容易胡思亂想，心情也跟著變糟。」助理說。

即使罹癌，從化療期間到完成化療療程，那段無法出門的日子裡，為了顧好體力，打好健康的底子。邱議瑩變得熱衷於研究各種食材的正確應用、切工刀法等等，當時只要書局一出版抗癌飲食、健康養生等相關書籍，她幾乎都會立刻買來閱讀研究。點子很多的她，更研發出許多色香味俱全的健康養生料理，後來還數度應邀到電視節目中示範。

第一次化療後的第二週開始，邱議瑩的家裡頓時熱鬧起來，一天安排一組朋友，在家裡招待他們用餐。

邱議瑩分享當時充實的生活，每天一早起床，在跑步機上快走完五公里，飽食豐盛又營養的早餐後，腦袋就開始打轉著當天午餐的宴客菜色，隨後就跟廚務助手一起洗菜、烹調、擺盤、打果汁，忙得不亦樂乎。規畫好菜單後，不宜外出的她將擬好的食材清單交給助理上市場採買，接著就在廚房忙著煲湯、備菜。不過，當時化療副作用讓她的手指神經變鈍，萬一受傷了，傷口也不易癒合，李永得特別請了一位家事服務員來家裡協助她。近中午時，訪客來了之後就陸續準備上菜用餐，大夥聊天、講八卦，時間在說笑打鬧中很快就過了，體貼的朋友們總會讓歡樂的氣氛結束在一點多，讓邱議瑩有充分的時間午睡。

邱議瑩每三個星期化療一次，每次化療需住院三天，第一天先入院身體檢查，隔天打化療藥物，第三天即可出院。通常，做完化療那兩、三天會受到化療藥物副作用的影響，邱議瑩四肢沒力，不太能走路，多半癱軟在家躺著休息，「我就把這幾天的不舒服當作是感冒了，全身腰痠背痛，那就休息啊。」偶爾，她會請先生扶著她走路，在客廳走一走、動一動，熬過最難受的兩、三天。隨著時間過去，不舒服的感覺漸漸消失，她才有辦法恢復運動、做菜、招呼客人的生活步調。

練得一身好手藝

進行化療當週，影響食欲的程度較為嚴重，邱議瑩說，不必太勉強吞嚥食物，以少量多餐來維持體力。當精神和食欲慢慢回復後，她就開始大吃特吃，天天煲湯，彌補過去喪失的營養，她笑說：「才一週就可以回填三公斤喔！」就這樣持續進補到第三個星期，也就是下一次化療。這時，體重又開始往下掉，直到恢復食欲，她才又開始大吃特吃，「然後再進入下一個打藥的輪迴。」邱議瑩呵呵一笑，「我不會自怨自艾欸！反而很開心自己一整天吃八餐美食也吃不胖，體重始終維持得不錯。」

「她吃很多都沒有變胖，反而是胖到我跟主委（李永得）。」邱議瑩的貼身助理雅文不會做菜，邱議瑩煮什麼，她就跟著吃什麼。

選舉期間，邱議瑩常常熬煮雞湯為助理群補充體力。有趣的是，雅文透露，陪著邱議瑩跑行程時，常聽到很多支持者笑著質疑邱議瑩的廚藝，這時邱議瑩就會急著要助理幫她證明：「雅文妳跟他說啦……」

邱議瑩燒得一手好菜，受惠的不只是她的「飯團」好友和助理，原本不太重視飲食的李永得，說起邱議瑩的廚藝也是讚許不已。

最常陪伴邱議瑩用餐的是周玲妏，「我算是固定飯友啦，她煮的食物很清淡，不是水煮就是汆燙或蒸煮，我這個習慣吃肉的，拜她所賜，身材變得很好。」個性跟邱議瑩同樣直爽的她接著說：「議瑩在家養病期間，我只要有空，下班後就過去吃飯聊天。她也很貼心，知道我無肉不歡，會刻意多做幾道肉類料理，例如汆燙瘦肉、燉肉或煎牛排。」

周玲妏還透露，李永得原本也是「無肉不歡族」，卻願意以行動展現對妻子的疼愛與支持，天天陪著邱議瑩吃清淡飲食。不過，「她那愛吃肉的老公就要我常常去她家吃飯啦！才有更多肉可吃，哈哈哈。」周玲妏打趣說道。

「這場病，讓我老公、飯團姊妹和助理雅文胖了好幾圈。」邱議瑩掩嘴大笑。

相信許多只對立法院裡的邱議瑩有印象的人來說，
除了會驚訝於她的廚藝，一定更吃驚她還是個「愛老公俱樂部」的賢妻代表。

自然養生觀點

這趟人生旅途中的髮夾彎，讓邱議瑩開始堅持天然原味的清淡飲食，儼然成了養生料理專家。二〇二一年五月四日，邱議瑩完成六次化療療程，主治醫師蔡英美主任特地為她製作一張「結業證書」，而她在抗癌期間養成的良好習慣，讓她保持健康，歲月幾乎沒有在她的臉上或身材上留下什麼明顯的痕跡。

周玲妏回憶，醫生解除邱議瑩的「禁外出令」後，陸續恢復她的公務行程，「她當時還不適合應酬，但跑攤在所難免。通常傍晚五點左右，她就先把晚餐煮好，等我過去吃。晚上跑攤時，我們就可以不用吃啦。」

為了恢復健康，從如何自我照顧、改變健康飲食到規律運動，都可看出邱議瑩的個性是一旦下定決心就說到做到，對自己負責。從烹飪好手到美食達人，接著人生大轉彎，回到最天然原味的清淡飲食，邱議瑩成了養生料理專家，時至今日，仍有許多選民、親友、親友的親友……都來找她求問生病時如何正確飲食呢！

吃健康當令食物，支持在地小農

即使持續追蹤多年後，醫師已宣告邱議瑩「完全恢復健康」。她仍力行不輟，只要有空一定下廚，讓她的巧手藝抓緊老公的胃。

邱議瑩如此鍾情烹飪，要追溯到高中畢業後，和當時十五歲的小弟邱名璋在澳洲留學時。弟弟不愛外食，尤其不愛吃西式料理。身兼母職的邱議瑩擔心正在成長期的弟弟沒有足夠的營養，只好自己嘗試買菜煮飯，也因此培養出對料理的興趣，燒得一手好菜。邱名璋說，當時，「我們人在異鄉，我跟大姊相依為命，那段經歷讓我們一直到現在還是維持著很好的感情。」

「能讓先生在下班回家後吃到一頓熱騰騰的飯菜，對我來說，這就是人生的幸福。」邱議瑩笑得燦爛。在朋友眼中是「愛老公俱樂部冠軍」的邱議瑩，內心裡也的確是個頗為傳統的「賢妻良母」。

「確認罹癌後，我就著手調整飲食習慣，遵守『吃食物不吃食品』的飲食態度，學習攝取好的營養素，讓身體得到真正的療癒。」熱衷研究食譜的邱議瑩指出，「在地食材簡單煮」是她多年來堅持不變的原則。

以在地食材為例，邱議瑩長期居住在高雄，尤其她的選區多為農產業，是國內首屈一指的水果進出口產銷區。她可說是得天獨厚，日常生活的土地提供她方便取得、物美質優、價格平實的當令蔬果。

旗山香蕉就是她製作精力湯必放的水果之一。邱議瑩每天早晨起床的第一杯養生飲品就是自製精力湯，材料包括當令蔬果、薑黃粉、亞麻子、堅果和大豆粉，涵蓋了纖維質、優質脂肪、蛋白質跟澱粉，讓忙碌的李永得跟她能擁有一整天的活力與能量。自從生病後，邱議瑩力行健康飲食，每天早晨起床就打一杯精力湯，「從二〇一二年維持到現在，每天一杯，沒有停止過。」陪著她走過抗癌歲月的助理雅文表示，她實在很佩服老闆的毅力與決心。

來自燕巢的芭樂、六龜的木瓜，則是她和丈夫最愛的餐後水果。擅長變化料理的邱議瑩，會購買來自杉林的南瓜，南瓜蒸到八分熟後切成瓣狀再淋上新鮮檸檬汁、撒些檸檬皮，香氣撲鼻，李永得還幫這道可愛的料理取名為「月亮南瓜」。

來自桃源的野生愛玉加上檸檬，酸甜消暑，是邱議瑩和她的立法院好友最捧場的甜品。美濃盛產的有機毛豆簡單汆燙後，是餐桌上的必備小菜，邱議瑩笑稱毛豆是她聊天的好夥伴。提到選區的優質農產品，又是一陣掏心掏肺的分享，「還有還有，盛產期還沒到就宣告缺貨的那瑪夏水蜜桃也是我的最愛。」

愛吃新鮮的蔬菜水果，即使在外面跑行程、為選民服務，邱議瑩也會選擇現打果汁，不忘提醒：「我拿到手就立刻一口氣全喝掉，趁新鮮很重要。」追求當令、自然的飲食原則，因此她連保健食品也不太碰。

慢食運動，享受又健康

若是感到操勞疲累，她會使用枸杞、紅棗等無毒中藥材做成補氣茶飲或雞湯，這是讓自己迅速恢復元氣的方法。愛喝雞湯的她，也會專程去香港購買煲湯的藥材，「有空的時候就用砂鍋煲湯，把水煮開後轉小火，慢慢燉煮約三至四小時，我老公超愛喝。」她以過來人的經驗建議，癌友做化療期間食欲不振時，不妨燉一鍋雞湯來喝，能很快補充體力。

她強調，生病期間攝取優質食物、凡事追求簡單、自然就是最有效率的養生法，很希望大家像她一樣，透過正確的健康飲食方式，讓自己擁有足夠的體力抵抗病魔，盡早恢復健康、充滿活力。

宣布康復，與主治醫師蔡英美快樂合影。

邱議瑩語重心長地說，她以前的個性非常急，生病期間反而逼她不得不停下腳步。她也反省，現代人嘗到一味追求快速與效率的苦果後，「放慢」反而變成新的追求目標。幾十年前，歐洲早就在推動「慢食運動」，像是細嚼慢嚥享用一頓用料天然、慢火細熬出來的家常菜。不管是慢食還是慢活，都是為找回健康與美好心情而展開的生活修行。

「我相信，每吃進一口食物，都會對體內荷爾蒙產生影響，而許多荷爾蒙與人的情緒息息相關。不論是運動、音樂還是食物，我相信它們都會直接或間接影響人的心情，改變我的身體機能。」

二〇一六年十一月十四日，通過連續五年的追蹤檢查，醫療團隊正式宣布「邱議瑩康復」。「那天她超開心，我們劈頭就問她，那可以開喝嗎？」周玲妏笑稱自己是大口吃肉、大口喝酒，邱議瑩立刻翻她白眼，啐了一聲「匪類」。

邱議瑩的高度意志力，並沒有因為恢復健康，而有一絲絲鬆懈。

生活中，偶爾她會淺嘗一、兩杯紅酒，但罹癌後絕對不碰的油炸、燒炭烤食物、加工食品，直到現在還是一口都不碰！

嚴格遵守健康飲食規則

服務處同仁一到下午就嚷嚷說要團購鹽酥雞，只見她連忙制止。然後開始連珠炮般嘮叨著：「唉唷，那不好啦！那不健康啦！你們這些年輕人齁……」然而助理仍印象深刻地記得，以前邱議瑩出外跑行程時，下午三點多就會吆喝：「走，我們去買鹽酥雞！」舉凡鹹酥雞、科學麵、香腸、魚丸等香噴噴的油炸零嘴，都是她常帶回來讓大家祭五臟廟的食物。但自罹癌後，她一口不吃，即使已經完全恢復健康，她依然不為所動，不論旁人如何以香氣誘使，她都如如不動。

從二〇一二年至今，邱議瑩幾乎不碰加工食品與油炸物，僅僅破戒了一次。

「都是被我表姊害的啦！」邱議瑩表情有些冤枉，哈哈一笑。有一年，邱議瑩跟先生、表姊等親友到馬來西亞旅遊，大夥兒往偏遠的山上走去，那是一個供人禪修的地方，附近沒有幾家商店，走了很久，放眼望去只有一家肯德基。

「那家肯德基生意好到爆，我一直強調說我不吃炸物、一直拒絕。表姊不停說服我說：『沒關係啦，偶爾吃一次，上帝會原諒妳。』沒辦法，我只好跟著進去吃，因為不吃會餓死啊。說真的，我只有吃那一次，就一塊炸雞。」邱議瑩搖搖頭說，即使品嘗到生病前最常吃的炸物，她當時吃下那一塊炸雞，心裡並沒有感到特別開心。

「我現在的飲食禁忌跟生病期間一樣，只吃食物不吃食品。

油炸的不吃，生冷的不吃（如生魚片），醃漬的不吃，加工的也不吃，像是熱狗、丸子、香腸等看不出食物原貌的食品，基本上我很少碰。」她笑著說，這已經是她自我鬆綁後的飲食規約了。她化療期間，吃夏威夷比薩時，會先挑掉比薩上的鳳梨跟火腿，因為那些鳳梨片通常是罐頭食品，火腿則是加工製品，任何加工及罐頭食品，她一律敬謝不敏。

邱議瑩執行健康飲食原則之徹底，連親弟弟也不免吐槽。

「她吃得太養生了，我爸媽住屏東九如，她常找我們都有空檔的時候回老家聚餐，但我們盡量不跟她一起吃啦！她吃的東西都沒什麼味道，尤其是生病期間，燙青菜、白煮蛋、煮熟的豬肝，口味都很清淡。好家在她現在已經恢復正常飲食了。」邱名璋笑說往事，但他也說，姊姊生了這場病之後，全家人開始注意飲食，吃得比以往清淡多了。

生氣不可以放隔夜

很多人印象中的邱議瑩問政犀利、態度剽悍，看起來「凶巴巴」。助理說，其實私底下的她，直率、熱情、容易心軟。即使有情緒，來得快去得也快。

「我以前性子很急，自我要求很高，總希望事情能做到完美，常常把自己跟助理逼到快爆炸，如果助理沒達到我的要求，我就會生氣。」邱議瑩自我剖析，生了這場大病之後，她個性變得更加柔軟，對自己和別人都不再完美苛求。

即使是夫妻關係，亦然。她跟李永得很少吵架，個性火熱的邱議瑩遇到木訥寡言的李永得，一吵架就像自己在打壁球，「我先生只要生氣就不講話，以前他不講話時，我還不知道他到底在生什麼氣，就想刺破他這個悶葫蘆。」邱議瑩自己噗哧笑出來。

邱議瑩的個性很直，生氣時乒乒乓乓發飆五分鐘，烏雲很快過去，撥雲見日後就忘光光了。這樣的邱議瑩面對冷戰的李永得，一開始選擇不斷逼問他：「到底怎麼了，怎麼可以不溝通？要說出來啊！」搞得丈夫更火大，氣得對邱議瑩回說：「妳可以離我遠一點嗎？妳可以讓我安靜一下嗎？」

隨著相處時間愈來愈久，對彼此的了解愈來愈深入，兩人也愈來愈有默契，「我現在已經進化到，即使他不講話，我大概都可以猜得出來他在生什麼氣。我也不去吵你，反正你愛生氣就讓你自己去生氣，我去睡我的覺，他自己把氣生完就好了。」邱議瑩笑著說。

邱議瑩體認到情緒對健康的重要性，她跟丈夫協議好，「生氣不可以放隔夜，睡覺前一定要和好。」她認為「帶著悶氣睡覺，非常不健康」。李永得在保守的客家庄中成長，原本就木訥、內斂而沉默，直到遇見活潑外向的邱議瑩，兩個人一路攜手走來，卻遇到生命交關的巨大考驗。

李永得說：「議瑩對我的好，無庸置疑。她病後更常說的是『珍惜當下』。我這幾年也被她感染、影響，本來覺得在語言上表達感情是很噁心的事，但議瑩會勸我，如果不及時表達情感，誰知道下一秒會發生什麼事。

只有當下是真實存在的，這樣的想法也讓我慢慢地學習說『我愛你』，或是比較願意給自己時間出國旅遊。不只是對議瑩，有了珍惜當下的想法，當你把情感流露出來時，不論是語言上還是行動上的陪伴，其實都很顯著地改變了我與家人的關係。」

「我現在只要有時間，會選擇在美濃跟老人家聊聊天，也會主動找我女兒吃飯、聽音樂會。我真的很感激我老婆，常常會覺得，哎呀，怎麼沒有早點遇到邱議瑩。」一向靦靦的李永得，難得露出俏皮的笑容。

側記 助理眼中的邱議瑩

「她是個大而化之、反應很快的人，只要給料，她就能自我炒出一盤菜來，平常看似恰北北的外表，其實內心具有悲天憫人的心腸。」跟隨邱議瑩工作長達十七年的Ruby，緩緩道出她眼中的邱議瑩。

刀子口豆腐心，講義氣的「哥兒們」

她說，不了解邱議瑩的人會覺得她很難親近，給人感覺很可怕，但其實她是位講義氣的「哥兒們」，很會為朋友著想，也很會營造氣氛。缺點是，她太過於幫對方著想，有時候還會被耍，「她屬於刀子口豆腐心那種人，常常在氣頭上一副不想原諒對方的樣子，但只要時間一過，一下子她就忘了。」

Ruby是邱議瑩國會辦公室主任，從二〇〇〇年也就是邱議瑩二十九歲時，就開始跟在邱議瑩身邊協助處理一切大小事，包括行程安排與私人事務，直到邱議瑩選上立委，才留在台北擔任辦公室主任一職。可以說，她見證了邱議瑩這十多年從政之路的跌宕起伏，也一路看著邱議瑩走向自我蛻變的成長過程。

Ruby回憶，剛認識邱議瑩時，她是民進黨最年輕的中常委，更早則是擔任國大代表。

二〇〇一年，邱議瑩第一次在台北初選失利，受黨徵召，回到出生的故鄉屏東選舉，受到鄉親的愛戴與信任，第一高票當選第五屆立法委員。第六屆選舉時，大家直言她「鐵定當選」，沒想到卻因為配票出問題，二〇〇四年十二月十一日開票當天，竟然跌破眾人眼鏡，高票落選！

當時住在台北的 Ruby 坦言，她根本不敢打電話給邱議瑩，不知道該如何安慰，沒想到，反而是邱議瑩主動打電話給 Ruby。而且劈頭就對 Ruby 說：「我落選了啦！不過，妳不用擔心沒工作，我還養得起妳！」邱議瑩在電話那頭苦笑。

電話另一端的 Ruby 一聽，眼眶泛紅，忍住情緒，以開玩笑的輕鬆方式跟老闆通話，輕輕帶過「落選」這個話題。

從此，邱議瑩和 Ruby 兩人開始過著以咖啡廳為辦公室的工作生涯。「她非常大方地讓我在家工作，有需要碰面再出來。我不僅可以多陪孩子，也能做自己想做的事。偶爾她來台北時（當時她還住在屏東家裡），我們才碰面討論工作。」Ruby 說，這樣的品咖啡生涯過了四個多月，直到二〇〇五年六月，邱議瑩受任客家委員會擔任副主委一職，倆人才終於有了辦公的棲身之處。

不是剽悍，而是認真做好工作的女人

就像 Ruby 說的，邱議瑩天資聰穎，做什麼像什麼，從民意代表轉為政務官，也能很快就摸到訣竅，抓到工作重點。

「她擔任政務官期間也非常勝任，雖然本身有客家血統，但不常講客語，說得不是很流暢，沒想到，在客家委員會工作短短時間內就能朗朗上口。天資聰穎的她也很能調整自己的心態，做什麼像什麼。」Ruby 剖析。

直到二〇〇八年二月一日，邱議瑩擔任第七屆立法委員，重新回到立法院，到現在已歷經三屆（第七、八、九屆）立委職務，問政愈來愈專業，選民也覺得邱議瑩愈來愈親切。

「我覺得她是很真的人，了解她的人就會知道。」Ruby 認為，外界每每以「剽悍性格」來形容邱議瑩，實在不盡公允。

Ruby 坦率直言：「說她剽悍實在太誇張！她只是比較大而化之、講義氣而已，其實是很小女人的。政治人物為黨盡責、犧牲，我覺得有時是很身不由己的。上次踹門事件，門破的當下她立刻傳 LINE 給我看，她自己也沒預料到法務部的門這般脆弱，正常真把門踹壞可能腳也受傷了，這種薄如紙的木板，是偷工減料嗎？至於夾腳拖事件，李（永得）主委不過是在個人臉書抒發情緒，媒體採訪後進行擴大解釋，這真是變相的擾民，根本也在挑釁民眾，民眾的政治立場本來就各有不同，肯定會有打電話來發表自己高見的。聽聽選民的意見，幫她擋掉這些瑣碎的事情，本來就是我的工作職責。工作跟生活是分開的，其實我認為了解、懂她工作的，就能體會到她心情，這是不會影響到她的感情的。但老實說，有些時候，說不擔心是騙人的，我其實也怕她的真情表現，容易引起民眾誤會。」

與員工交心

不論國會助理或民意代表身旁的祕書，必須很有耐心地從旁協助或處理許多選民委託的事情，不僅工作時間長，工作內容也相當繁瑣；也因此，很多人會來來去去，離職去職，工作異動頻繁。

「在政治圈，很多人待沒多久就會想離開，因為很累、很辛苦。有些老闆的脾氣很大，助理又必須以選民服務為優先，萬一選民不滿意，老闆通常會直接怪助理，很多委屈得自己默默忍下來。」邱議瑩的貼身助理薛雅文描述她所觀察的政壇百態，她說得直白，如果你跟的老闆脾氣很糟，對員工不好，都不替員工著想，最明顯的跡象就是老闆身邊的人會輪替頻繁，很快就選擇離開，不願繼續替老闆工作，整個辦公室離職率很高。

如果以此當作觀察指標，有意思的是，待在邱議瑩身邊的國會助理、祕書、工作夥伴，年資卻一個比一個還要久。

邱議瑩首度回到高雄美濃準備選立法委員時，薛雅文才開始在她身邊工作。之前她倆不認識，是邱議瑩準備在高雄投入選戰時，在美濃、旗山一帶四處打聽探問，請人介紹合適且能幹的助理，透朋友輾轉推薦，這兩個人才認識。認識的第一天，邱議瑩就決定錄用薛雅文。而連薪資都沒問

邱議瑩偕同工作夥伴，一起到日本員工旅遊。

現在的邱議瑩除了工作，更能與同事們一起享受休閒時光。

清楚的薛雅文，一口麵還含在口裡，就點頭答應坐在對面的邱議瑩，願意去幫她工作。

從二〇一一年至今，薛雅文已經和邱議瑩一起工作十多年了。

在高雄美濃服務處，邱議瑩的地區助理幾乎跟薛雅文一樣，年資少說都超過十年了。「我同事嘉榆，她已經跟老闆跟了十多年。至於在台北的Ruby姊那更不用說了，她已經跟隨老闆超過二十四年之久。」薛雅文語氣誠懇地說，如果老闆待人不好、脾氣很差，誰會想要待在她身邊這麼久呢？

「我覺得她很替人著想，例如有時候我跟委員說明天我想請假，只要我提，她當場一定說好，不會為難我。她很開明也很獨立，大部分的事情她都自己處理掉，不會耍性子，她其實不像外界或媒體描述的那樣。」薛雅文停頓幾秒鐘之後又補充：「她在國會質詢或處理法案時，因為那樣的政治環境，她需要以比較強勢的方式，才能完成黨團交付的任務。在政治圈內，很多時候是身不由己啊。」

後記 政治以外的夢想

因為珍惜，人生更美

經歷過生死交關，疾病幫她上了寶貴的一課，現在的邱議瑩早已不是往昔的邱議瑩了。政治對她來說，不是單選題也不是是非題，而是站在更高度的視角來評估她的政治使命、問政能力能夠選定哪一塊版圖，提供自己的能量來服務大家。

「生死都走過一遍了，人生還有什麼放不開、非要什麼不可，就一切隨緣吧！」邱議瑩兩手一攤，邊搖頭邊笑說，自己以前的個性很不服輸，尤其長年擔任民意代表這個角色，更讓她認為沒有什麼事情是自己做不到的，對很多事情會很堅持、很積極主動去爭取。

但現在，她的心態一百八十度大轉變，變得比較隨緣。

例如要去某個地方，以前她會堅持一定要走某一條最快的路，如果要她繞道或改走另外一條她不熟悉的路，她會很不開心，甚至會抗議說明明走這條路就好了，為什麼要改走另一條路呢？

一場大病後，邱議瑩變得隨和，一切以自在為準則，「我現在都無所謂了啦，不管哪條路，能到就好，今天不走這條路，改走那條路，很可能老天就讓我避掉一場車禍啊，現在的我，會有這樣的想法。」

過去對自己上緊發條，旁邊的工作夥伴也不敢輕易放鬆。「我很要求工作效率跟品質，以前的我會把自己跟助理逼得很緊，搞得大家都快要起肖（台語：發瘋）。」邱議瑩自嘲。

而現在，她認為沒必要把大家逼得這麼緊，「但也不是得過且過，而

照片提供：林莉婚紗攝影。

是覺得轉個彎也沒什麼差別，現在的心態比較沒有過去那麼好強。我對於自己看不慣的事情還是沒辦法改變，我覺得應該講的還是要講，有些不容妥協的原則，我不太能改變；但是對於功名利祿，我覺得，知足很重要，珍惜也很重要，分享出去、讓更多人一起雨露均霑，得到的快樂也更多。現在的我，是這麼想的。」

積極工作，隨緣人生

大病痊癒後，邱議瑩對權力、名望等等，有了很不同於過往的想法。「很多事情老天冥冥之中自有安排，這幾年來，我覺得人生的變化很大，不是你說要怎樣就可以怎樣的。」邱議瑩略為沉思後，緩緩吐露內心感觸。

回到二〇〇四年，這年，台灣進行第六屆立法委員選舉。原本被外界看好的邱議瑩不僅選前民調第一，更於上屆立委選舉時在屏東縣以第一高票當選，沒想到，拚連任時卻因為配票失當而高票落選。

「那場選舉，我不覺得我會選不上；卻因為配票出了問題，我高票落選。但人生的際遇就是這麼奇妙，政治失利，卻反而幫我開展出另外一段人生風景。」邱議瑩微微一笑。

落選之後，邱議瑩去客委會擔任政務副主委一職，因而與客委會主委李永得結識，兩人進而相戀、結婚。

「我常常想，如果我那年（二〇〇四）選上立委，可能就不會去客委會工作，就不會認識我先生，很可能這輩子就不會結婚了。」邱議瑩望向遠方，彷彿回到遙遠的過去。

人生有失有得，得失存乎一心，疾病教會了邱議瑩以更豁達、正向的心態，去看待生命中的一切變化。她明白，眼前的「失去」，只是當下的失去，不表示未來永遠會失去，老天會以另外一種方式，讓她「得到」。也因此，她學會了時時心存感激。

二〇〇四年對她來說感受相當深刻的還有一件事情，即使時過境遷，她仍常常講這個故事給助理聽。那年，邱議瑩在選舉時跟競選團隊夥伴說：「我們大家認真一點喔，選上之後我帶你們去印尼峇里島度假，慰勞大家。」

結果當然沒去成，但是當邱議瑩在該年十二月二十六日看到電視新聞報導印尼發生南海大海嘯時，整個人幾乎起了雞皮疙瘩。

這場大海嘯，因為芮氏規模九的巨震掀起大浪，許多在海灘旁度假的民眾來不及逃生，總共奪走兩萬多條性命。

「就是那年，海邊死了一堆人。我看到那新聞，心想如果我當選了，我們可能人就在那裡。真的，說不定人就走了。我真的覺得，人生啊，老天爺都幫你安排好了，眼前看起來是失去，其實要得的在後面。所以我現在常常會覺得沒什麼好計較的，尤其走過生死那關，真的沒什麼看不開了。」

在咖啡香與書香中，看見更多「母親的文化」

問起邱議瑩，若不從事政治工作，最想做什麼？

「我想開一間複合式書店，有手沖咖啡、養生餐點跟我親手調製的精力湯。愛書人在挑書之後有足夠的空間就地坐下來，在滿室咖啡香的幽靜空間裡享受閱讀的樂趣。甚至，只是發發呆也好。」邱議瑩說。

「我本來是想要開幼稚園的，但現在少子化，大家孩子生得少，這樣不會賺錢啦，所以要改開咖啡館。」邱議瑩像個頑皮的孩子，講完就自顧自哈哈大笑了起來。

邱議瑩夢想中的咖啡館，是複合式獨立書店。

小小的空間內，不只有台灣的書，還要有一塊屬於印尼、越南、泰國等東南亞書籍，讓東南亞新移民能在書店內一解鄉愁。更重要的是，他們可以帶著孩子來看書，讓孩子學習另一方的母語文化。

「我跟我先生一直有在想這件事，希望能在美濃開一家複合式獨立書店。我們那邊（美濃）有很多新移民，他們可以帶著孩子來到書店，透過閱讀把自己的母語文化傳遞給孩子，讓孩子不只會聽，還要能講能溝通，這是很棒的一件事情。」

她接著說：「高雄市目前有近六萬名來自異國的新移民，人數全國排名第二，僅次於新北市。加上高雄有絕佳的地緣關係，既是港口城市，也有國際機場，離東南亞也非常近，台灣發展新南向政策的基地，非高雄莫屬！」

邱議瑩笑著說：「我的夢想書店，也是一種新南向政策的文化實踐喔！」

政府之所以成立客委會，就是因為發現客語的流失速度很快。很多人知道自己是客家人，但不會講客語，如果客語無法代代傳承下去，客家文化當然也會逐漸淡薄，甚至不見容於主流文化之中。

邱議瑩跟李永得深感文化保存的重要性，美濃有許許多多的南洋姊妹遠自千里來到台灣，「南洋姊妹的孩子，雖然知道自己的媽媽是越南人、是柬埔寨人，卻沒有機會接觸媽媽的文化，更不會說越南語、柬埔寨語。」

因而動念想提供一個園地，讓母親的文化得以被看見。

邱議瑩希望將來能開一間適合新移民與親子的書店，
在政治之外，做更多的事。

邱議瑩觀察指出，「台灣是多元族群社會，對不同文化的接受度很高。」在美濃鄉下，有外籍配偶開一家小吃店，例如越南河粉店，請遠方親人寄當地罐頭食材來台灣。除了販售家鄉料理，還兼做地下匯兌，將自己在台灣賺得的錢轉匯回家鄉。一家小吃店，成為凝聚族群的重要場域，同時也具有情感慰藉的功能。

「我想，開一家複合式獨立書店，讓為數眾多的南洋姊妹、外籍移工，有個舒服聚會的場所，也帶著孩子接觸自己既有文化的書籍，讓鄉愁得以紓解。而且，本地人也藉由接觸東南亞文化來閱讀、分享、交流，應該滿不錯的。」

未來，如果你在美濃看到昔日的政壇「漂亮寶貝」邱議瑩，在小書店內手沖一壺耶加雪菲或肯亞ＡＡ，介紹你讀一本由越南文寫成的童書繪本，別訝異，那真的是邱議瑩，她正在為傳遞東南亞文化而努力著。

社會人文 BGB593

生命的溫暖戰歌

從抗癌到立法，在逆境中堅持希望的勇氣【全新增訂版】

作者 ── 邱議瑩著／口述；
林芝安、林唯莉、曾蘭淑採訪整理

副社長兼總編輯 ── 吳佩穎
社文館副總編輯 ── 郭昕詠
責任編輯 ── 張彤華
校對 ── 凌午（特約）
封面設計 ── 吳郁嫻（特約）
版型及內文設計 ── 吳郁嫻（特約）
全書照片提供 ── 中央社、《今周刊》、《獨立媒體 TEIMI ｜陳育賢》、林莉婚紗攝影、高雄市政府觀光局、遠見創意製作、邱議瑩

國家圖書館出版品預行編目（CIP）資料

生命的溫暖戰歌：從抗癌到立法，在逆境中堅持希望的勇氣 / 邱議瑩口述；林芝安、林唯莉、曾蘭淑採訪整理 . -- 第一版 . -- 臺北市 : 遠見天下文化 , 2024.12
316 面 ; 21×14.8 公分 . -- (社會人文 ; BGB593)
ISBN 978-626-417-097-0 (平裝)

1.CST: 邱議瑩 2.CST: 臺灣傳記 3.CST: 臺灣政治
4.CST: 癌症

573.07　　11301861

出版者 ── 遠見天下文化出版股份有限公司
創辦人 ── 高希均、王力行
遠見・天下文化　事業群榮譽董事長 ── 高希均
遠見・天下文化　事業群董事長 ── 王力行
天下文化社長 ── 王力行
天下文化總經理 ── 鄧瑋羚
國際事務開發部兼版權中心總監 ── 潘欣
法律顧問 ── 理律法律事務所陳長文律師
著作權顧問 ── 魏啟翔律師
社址 ── 臺北市 104 松江路 93 巷 1 號
讀者服務專線 ── 02-2662-0012 ｜傳真 ── 02-2662-0007；02-2662-0009
電子郵件信箱 ── cwpc@cwgv.com.tw
直接郵撥帳號 ── 1326703-6 號　遠見天下文化出版股份有限公司

製版廠 ── 東豪印刷事業有限公司
印刷廠 ── 立德印刷股份有限公司
裝訂廠 ── 台興印刷裝訂股份有限公司
登記證 ── 局版台業字第 2517 號
總經銷 ── 大和書報圖書股份有限公司｜電話 ── 02-8990-2588
出版日期 ── 2024 年 12 月 30 日第一版第 1 次印行
2025 年 2 月 6 日第一版第 2 次印行

定價 ── 500 元
ISBN ── 978-626-417-097-0 ｜ EISBN ─ 9786264170963（EPUB）；9786264170949（PDF）
書號 ── BGB593
天下文化官網 ── bookzone.cwgv.com.tw